Handbook for Institutional Research

大学のIR Q&A

中井俊樹・鳥居朋子・藤井都百 編

玉川大学出版部

はじめに

　本書は、大学の現場で使用される IR（インスティテューショナル・リサーチ）の知識と技能を収集して整理したものです。主に IR に従事する教職員からの 100 の質問に対して、IR を含む高等教育分野の教員が検討した上で回答をまとめています。

　近年、大学教育の質保証、管理運営の高度化、情報公開の促進を担うものとして、IR に期待が寄せられています。2008 年の中央教育審議会答申「学士課程教育の構築に向けて」では、新たに求められる大学職員として、「大学の諸活動に関する調査データを収集・分析し、経営を支援する職員」が挙げられました。これは IR を担当する者を想定したものです。

　IR の導入は政策的に推進されているだけではありません。大学関係者の間でも IR への関心が高まっています。全国の大学の理事や学部長などを対象にしたアンケート調査では、大半の回答者が大学において IR が必要であると答えています（高田ら、2012；ベネッセ教育研究開発センター、2010）。

　現在、IR についてさまざまな議論や研究が進められていますが、大学の教職員が実践で求められる知識や技能を明示し、それを効果的に身につけることのできる文献や資料は限られています。そのため、IR の担当者は試行錯誤で業務を遂行しているのが実態と言えます。

　IR に関する実践的な知識は、大学を越えて十分に共有されていません。IR が近年注目された活動であるため、実践的な知識や技能が各大学で十分に蓄積されていないという側面もありますが、それ以外に重要な理由があります。まず、IR の業務では大学内部の経営上重要な情報を扱うため、外部に広く活動を公開できない場合が多いからです。そのため、どのような活動をしているのかが大学外からわかりにくいといった声もよく聞きます。

　もう 1 つは、実践的な知識の共有の方法が十分に確立していないからです。研究上の知識の共有については、論文という形式で発見した知識をまとめ、それを研究者集団で検討して新しい知識を確定し、論文誌、事典、教科書などを通してそれらを継承していく仕組みが確立しています。一方、実践的な知識については、その共有のための仕組みが十分に確立されていません。IR をテーマにした発表

や論文が増加しているにもかかわらず、それらの多くは研究上の知識を取り扱っているため、現場で役立つ実践的な知識や技能が十分に共有されなかったのではないかと考えられます。

このような背景のもと、IRに関する知識と技能を収集して整理し、実際の場面で活用できるようにすることを目的として本書を作成しました。大学を越えて実践的な知識や技能を共有できる形にして発信するという点に、本書の意義があると自負しています。

本書の特徴の1つは、IRを機能面で捉えていることです。日本においてもIR部門を設置する大学が増加し、大学全体の意思決定が重要になってきていることを考えると、中長期的には全学的なIR部門が必要になってくるでしょう。しかし、本書はすべての大学が早急に全学的なIR部門を設けて専門家を配置する必要があるという立場を取っていません。既存の組織体制でもIRの機能を高めることは可能です。IRを簡単に言うと、大学の意思決定を支援する調査研究であり、大学はそのような機能を以前から持っていたとも言えます。たとえば、教員や学生の声を聞いて望ましいクラス規模を決定したり、入試形態別の学生の学習状況を調べて入試制度の改革を行ったりするなどの活動は、IRの活動と言えるでしょう。これからは、IRの機能の高度化が大学に求められるのです。

本書のもう1つの特徴は、Q＆A形式でIRの知識をまとめていることです。Q＆A形式は、前作の『大学の教務Q＆A』においても採用しており、大学の運営に関する書籍ではこれまでにも利用されている方法です。IRの知識を共有する際に、Q＆A形式はある程度有効な方法であると考えています。なぜなら、IRの知識は文脈や場面の中に位置づいているからです。IRにおいて教育、評価、統計、経営、情報システムなどの知識は重要ですが、それらは単に知っておけばよいというものではありません。どのような状況で活用されるのかという観点から理解されるべきものです。Q＆A形式は、知識を場面や文脈に位置づけることができるため、このような観点から理解しやすい方法と言えます。また、他の教職員が発した質問を知ることで、自分が同じように悩んでいたことに気づき、親近感を抱くという効果もあるでしょう。しかも、この形式は読み手の関心のある部分から読むといった使い方にも適しています。

一方、Q＆A形式には短所もあります。Q＆A形式は状況とともに知識が説明されるので、必然的に文章量が多くなってしまいます。また、質問になりにく

い内容は、おのずと抜け落ちてしまうため、知識全体を網羅することには適していない形態かもしれません。それでも本書でＱ＆Ａを採用したのは、IRの知識全体を体系化して説明するより、さまざまな事例を通してIRに求められる思考の枠組みやIRの生きた知識を提供することを優先したからです。

　本書では100の質問に対する回答をまとめています。100の質問を選択した経緯は次の通りです。2012年の春から夏にかけて、本書の執筆者がそれぞれの職場の教職員などから合計332の質問を収集しました。ある状況でどのような対応をすべきかを尋ねる質問であったり、日頃から感じていたIRに関する疑問が質問になったりしたものがありました。それらを内容別に分類し、重複する内容の質問を削除しました。次に、それぞれの質問が重要であるかどうかという観点と、執筆者が回答できるかどうかという観点で検討した上で、100程度の候補にまとめました。その後、この候補の質問のリストに対して、本書の協力者を含む教職員のアドバイスをもとに、加筆修正を繰り返しました。つまり、用意周到な調査に基づいた質問のリストというより、比較的安易に作成した質問のリストを土台として、多くの関係者のフィードバックによって洗練させていったリストと言えます。

　本書が想定する読者は、第一に大学の教職員です。大学の計画立案や意思決定において、どのようにデータを活用したらよいのかを理解し、業務を改善する一助となることを目的としています。IR部門の教職員だけでなく、管理職や一般職員にとっても役立つ内容が含まれていると考えています。また、研修を担当する立場の職員にとっては、各種研修の1つの教材として検討いただけるものになるのではと考えています。さらに、高等教育研究分野の研究者や大学院生にとっても参考になるでしょう。なお、本書では便宜上、大学という用語を使用していますが、短期大学、大学院、高等専門学校などの高等教育機関でも活用いただければと考えます。

　すでに述べたように、本書は大学の現場において収集した実践的な知識をまとめようとしたものです。しかし、いくつかの点において本書には限界があります。まず、IRの実践の経験が日本の大学において十分に蓄積されていない段階でまとめたため、IRの実践のための知識と技能の全体を網羅できているとは言えません。また、多くの教職員に協力を得たものの、執筆者の職種や経験に本書の内容は限定されていると言えます。具体的には、学生調査を中心とした教育改善を

重視したIRの側面が強い半面、外部評価対応を重視したIRや経営改善を重視したIRの側面が弱かったのではないかと考えています。また、大学の執行部や大学職員の視点も十分に反映させることはできなかったと考えています。

このような限界はあるものの、現時点でIRに関わっている者の知識と技能を共有することが、それぞれの現場において最適な対応策を見つける手がかりとなると考えています。また、各大学で蓄積した知識や技能を広く発信していただく契機になればと願っています。

本書の刊行にあたり、多くの方々からご協力をいただきました。本書は、名古屋大学高等教育研究センターのFD・SD教育改善支援拠点事業の一環として作成しました。また、草稿段階では、多数の大学関係者から的確で有益なアドバイスをいただきました。その一部の方を協力者として巻末に列挙しました。ただし、言うまでもなく本書の内容に関する責任のすべては執筆者が負うものであります。小林忠資氏（愛知教育大学非常勤講師）、堀田加奈子氏（名古屋大学大学院教育発達科学研究科大学院生）、および名古屋大学高等教育研究センター事務補佐員の大谷良子氏、岡田久樹子氏、小川幸江氏、瀬尾さとみ氏には、資料の作成や書式の統一などにご協力いただきました。そして、玉川大学出版部の成田隆昌氏には、本書の企画のきっかけをいただき編集やレイアウトデザインなどさまざまな点でお世話になりました。多くの方の協力を得て、ようやく本書の出版にこぎつけることができました。この場をお借りして、みなさまに御礼申し上げます。

2013年4月20日

中井　俊樹

本書の構成と使い方

　本書は3つのパートから構成されています。第1部から順に読まれることを前提に書いていますが、自分の関心のあるところから読むといった使い方も想定しています。特に第2部のパートは、それぞれのQ&Aを独立して読むことができるようにしています。

第1部
　IRの実践のための指針をまとめているパートです。IRとはどのような活動なのかを示した上で、優れたIRの実践に共通する指針に着目し、どのような点に注意してIRの業務を進めたらよいかを紹介しています。また、IRの標準的なプロセスも提示しています。

第2部
　IRに関する100の質問に対する回答をまとめている本書の中心となるパートです。Q1からQ35までは、IR実践の5つのステップにそって質問と回答をまとめています。Q36からQ100までは、学生の受け入れ、教育の内容と方法などのテーマ別に質問と回答をまとめています。また、**認証評価**＊のように右肩に＊がつけられた用語については、第3部の「IRの基礎用語」にその用語の定義が記されています。
　このパートでは、コラムという形式の読みものも加えています。コラムでは、個々の執筆者の体験や意見が記されており、自らの経験から学んだことや広く伝えたいことなどが記されています。

第3部
　IRの実践において役立つと考えられる資料を集めたパートです。アンケート調査票の作り方、効果的なグラフの選び方、代表的な定期的調査、IR関連主要法令、高等教育年表、高等教育の動向の情報源、IRの基礎用語などを掲載しています。

目　次

はじめに ………………………………………………………………………… 3
本書の構成と使い方 …………………………………………………………… 7

第1部　IRの実践のための指針 ——————————— 15

1.1　IRとはどのような活動なのか ……………………………………… 16
1.2　IR実践のための7つの指針 ………………………………………… 17
1.3　IR実践の5つのステップ …………………………………………… 20

第2部　Q&A形式で学ぶIRの実践 ——————————— 23

調査設計 ………………………………………………………………… 24

Q1　調査項目を作る際にはどのような点に留意すればよいでしょうか。…… 24
Q2　改善につながる調査項目とはどのようなものでしょうか。………… 25
Q3　記名式と無記名式のアンケートではどのような違いがありますか。… 26
Q4　アンケート調査では対象者全員を調査すべきでしょうか。………… 27
Q5　アンケートの実施時期の適切性はどのように判断すべきでしょうか。… 28
Q6　アンケート調査を実施する際には誰の了解を得るべきでしょうか。…… 29
Q7　アンケート調査で失敗しないようにするために、どのような予備調査が必要でしょうか。………………………………………………… 29
Q8　個人を特定せず追跡調査をするにはどのような工夫が必要でしょうか。…………………………………………………………………… 30
Q9　卒業生を対象に調査を実施したいのですが、連絡先をどのように得たらよいでしょうか。……………………………………………… 31
Q10　少人数の対象者に向けてアンケート調査をすべきでしょうか。…… 32
Q11　調査方法としてアンケート調査以外にどのような方法がありますか。…………………………………………………………………… 33
Q12　インタビューにはどのような種類がありますか。………………… 34
Q13　学生による自己評価は信頼できますか。…………………………… 35

データ収集 ……………………………………………………… 36

- Q14 アンケート調査への回答率を高めるにはどのような方法がありますか。 …………………………………………………………… 36
- Q15 アンケート調査をオンラインで実施する際にはどのような点に留意すべきでしょうか。 ……………………………………………… 38
- Q16 インタビューを実施する際にはどのような点に留意すべきでしょうか。 ……………………………………………………………… 39
- Q17 教員にデータを提供してもらうためにはどのような工夫が必要ですか。 …………………………………………………………… 40
- Q18 学内の各部署にデータ提供を依頼する際にどのような点に留意すべきでしょうか。 ……………………………………………… 41
- Q19 各部署のデータを効果的に収集するにはどのような方法がありますか。 …………………………………………………………… 42
- Q20 調査で収集したデータはどのように管理すればよいでしょうか。 …… 43
- Q21 外部評価に対応するためにはどのようなデータシステムが求められますか。 ………………………………………………………… 44
- Q22 インタビュー中に重大な事実が発覚した場合は、関連する部署に知らせるべきでしょうか。 ……………………………………… 46

分析前準備 ……………………………………………………… 47

- Q23 アンケートを分析する前に何をすべきでしょうか。 ……………… 47
- Q24 すべての質問について同じ選択肢を選択している学生の結果をどう扱えばよいでしょうか。 ………………………………………… 48
- Q25 名寄せという作業はどのようなものですか。 ……………………… 49
- Q26 複数のデータベースから抽出したデータを結合させる場合にどのような工夫がありますか。 ………………………………………… 50

分析 ……………………………………………………………… 51

- Q27 データを意味ある情報にするにはどのような作業が必要ですか。 …… 51
- Q28 学内の既存データはどのように有効活用できるでしょうか。 ………… 52
- Q29 経年変化のデータは何年分必要でしょうか。 ……………………… 53
- Q30 インタビュー調査で得られたデータをどのように分析すればよいでしょうか。 …………………………………………………… 54
- Q31 因子分析とはどのような分析でしょうか。 ………………………… 56

情報提供 ··· 57
Q32 執行部にデータの分析結果を報告する際にはどのような点に留意すればよいでしょうか。 ·· 57
Q33 分析結果を報告する際には解釈も加えたほうがよいのでしょうか。 ···· 58
Q34 調査結果を大学全体に報告したいのですが、どのような方法がありますか。 ··· 59
Q35 情報をわかりやすく伝えるにはどのようにしたらよいでしょうか。 ···· 60

学生の受け入れ ·· 61
Q36 入学者数の予測はどのような視点から行うべきでしょうか。 ············ 61
Q37 自大学の学生の特徴を把握するにはどのような方法がありますか。 ···· 62
Q38 大学入学以前の学習経験のばらつきを把握するにはどうすればよいでしょうか。 ·· 64
Q39 入試形態によって学習状況はどのように異なるのでしょうか。 ········ 65
Q40 大学の学生募集戦略を策定するにはどのようなデータを集めればよいでしょうか。 ·· 66
Q41 学生数を数えるためのフルタイム換算とはどのようなものですか。 ···· 69

教育の内容と方法 ··· 70
Q42 履修情報や成績情報などの既存データからどのようなことがわかりますか。 ··· 70
Q43 GPAのデータを教育改善に活用する具体例を紹介してください。 ···· 71
Q44 授業の中で学生の学習成果に影響を与える要素はどのようなものでしょうか。 ·· 72
Q45 授業評価アンケートにはどのような質問項目を入れればよいでしょうか。 ·· 73
Q46 アクティブ・ラーニングの実施状況とその効果を把握するにはどのようにすればよいでしょうか。 ·· 75
Q47 学習時間の確保のためにはどのような方法がありますか。 ··············· 76
Q48 クラス規模は授業にどのような影響を与えるのでしょうか。 ··········· 77
Q49 学習ポートフォリオを導入したいと考えていますが、どのように進めればよいでしょうか。 ·· 78
Q50 初年次教育の効果はどのように検証すればよいでしょうか。 ·········· 80

- Q51 カリキュラムの見直しを行うには、どのようなことを参考にすればよいでしょうか。・・・・・・・・・・・・・・・・・・・・・・・・・・・・・・・・・・・・・・ 81
- Q52 学生による授業評価を組織的な教育改善につなげるには、どのような方法がありますか。・・・・・・・・・・・・・・・・・・・・・・・・・・・・・・・・・ 82
- Q53 データを活用してFDを実施するにはどのような方法がありますか。・・・ 85

学習の成果 ・・・ 86
- Q54 学生の学習の成果はどのような指標で測定することができますか。・・・・ 86
- Q55 汎用的技能を含めたディプロマ・ポリシーの達成状況はどのように把握すればよいでしょうか。・・・・・・・・・・・・・・・・・・・・・・・・・・・・・・・・・ 88
- Q56 FDの成果を検証するにはどのような方法がありますか。・・・・・・・・・・ 89
- Q57 学生調査を実施する最適なタイミングはいつでしょうか。・・・・・・・・・ 91
- Q58 効果的な卒業生調査を実施するには、卒業の何年後くらいに行うのがよいでしょうか。・・ 92
- Q59 小規模な大学の場合、アンケート調査で学習成果測定を実施することは適切でしょうか。・・・・・・・・・・・・・・・・・・・・・・・・・・・・・・・・・・・・・・ 93
- Q60 日本人学生と留学生の自己評価を比較する際に留意すべきことはありますか。・・・ 94
- Q61 ルーブリック評価とはどのようなものでしょうか。・・・・・・・・・・・・・ 96

学生支援 ・・ 98
- Q62 4年間の大学生活で学生はどのように成長するのでしょうか。・・・・・・ 98
- Q63 正課外活動を通じての学生の成長を検証するためには、どのような方法がありますか。・・ 99
- Q64 中途退学率を低下させるにはどのようにしたらよいでしょうか。・・・・・・ 101
- Q65 キャリア教育の効果をどのように検証することができるのでしょうか。・・・ 102
- Q66 就職率はどのように求めるのでしょうか。・・・・・・・・・・・・・・・・・・・ 103
- Q67 学生への経済的支援はどのように決定すべきでしょうか。・・・・・・・・・ 104
- Q68 奨学金受給生の学習成果が向上しているかどうかを確認するにはどうしたらよいでしょうか。・・・・・・・・・・・・・・・・・・・・・・・・・・・・・・・・・ 105
- Q69 学生の問題行動を把握するにはどのようにすればよいでしょうか。・・・ 106

Q70 心理的な問題を抱えた学生の実態を把握するにはどうすればよいでしょうか。……………………………………………………………… 107
Q71 ピア・サポートとはどのようなもので、どのような効果があるのでしょうか。……………………………………………………………… 110
Q72 エンロールメント・マネジメントとはどのようなものでしょうか。… 111

学習環境 ……………………………………………………………………… 112

Q73 ラーニング・コモンズの効果をどのように検証することができるのでしょうか。……………………………………………………………… 112
Q74 学生寮の効果はどのように評価されていますか。………………… 114
Q75 全面禁煙化に向けた指針を策定するには、どのようなデータを活用すればよいでしょうか。……………………………………………… 115

研究活動 ……………………………………………………………………… 116

Q76 大学の研究活動実績を測るには、どのようなデータを集めればよいでしょうか。…………………………………………………………… 116
Q77 大学全体の論文数はどのように数えたらよいでしょうか。………… 117
Q78 インパクト・ファクターはどのように利用すべきでしょうか。……… 118
Q79 論文におけるファースト・オーサーに関する考えは学問分野によって異なるのでしょうか。……………………………………………… 119
Q80 論文数を学問分野を超えて比較することができますか。…………… 120

教員 …………………………………………………………………………… 122

Q81 外部の調査で求められる専門分野別教員数をどのように回答したらよいでしょうか。…………………………………………………… 122
Q82 教員の業績を効率的に収集する方法はありますか。………………… 123
Q83 研究面だけで個々の教員を評価すべきでしょうか。………………… 124
Q84 ティーチング・ポートフォリオを導入するにはどのように進めればよいでしょうか。…………………………………………………… 125
Q85 教員の個人評価を給与などに反映した方がよいでしょうか。……… 126

管理運営 ……………………………………………………………………… 127

Q86 大学の意思決定においてデータや情報はどのように利用されるのでしょうか。……………………………………………………………… 127

Q87 中長期の目標を策定するにあたってどのような分析が必要でしょうか。……………………………………………………………… 128
Q88 ベンチマークを行う際、比較対象となる大学をどのように選ぶのが妥当でしょうか。……………………………………………………… 129
Q89 同窓生からの寄付や資金調達の向上策を練るには、どのようなデータを活用すればよいでしょうか。 ………………………………… 130
Q90 大学の経営状態の課題を発見するにはどのような方法がありますか。………………………………………………………………………… 131
Q91 管理職に高等教育改革やIRの重要性を認知してもらうにはどうしたらよいでしょうか。……………………………………………… 132
Q92 学内においてIRへの理解を得るにはどうしたらよいでしょうか。 …133

大学の外部環境 ……………………………………………………… 134
Q93 大学の偏差値はどのように算出されていますか。 ……………… 134
Q94 ランキング機関にデータを提供する際に、留意すべきことはどのようなものでしょうか。 …………………………………………… 136
Q95 世界の大学ランキングをどのように考えるべきでしょうか。 ……… 137

IRの組織体制 ………………………………………………………… 138
Q96 IR部門はどのような形態が理想的なのでしょうか。 ………… 138
Q97 全学的なIR部門を設置する以外に、どのような体制でIRを推進することができますか。……………………………………………… 140
Q98 日本にはIRがいつ頃どのように紹介されたのでしょうか。 ……… 141
Q99 IR担当者にはどの程度の統計に関する専門性が求められるのでしょうか。 ……………………………………………………………… 142
Q100 IRに関する知識や技能を身につけるためにどのような機会がありますか。……………………………………………………………… 143

コラム

①データの持つ力を実感した経験 ………………………………………… 37
②大学院生はシャープペンシルを持ってない？ ……………………… 45
③意外性のない分析結果の意味 …………………………………………… 55
④映画『マネーボール』…………………………………………………… 63

⑤入試政策から考える学生データ ………………………………………… 67
⑥支援としての評価 …………………………………………………………… 83
⑦個人の能力・技能への関心の高まりと、そこに潜む問題 ……………… 95
⑧理論と実践の橋渡し ………………………………………………………… 109
⑨データから、教育改善に資する情報へ …………………………………… 113
⑩論文リスト中の重複を発見する …………………………………………… 121
⑪IR担当者に求められる資質とは？ ………………………………………… 135
⑫教職員が協働してIRを開発するということ ……………………………… 145

第3部　IR実践のための資料 ——————————————————— 147

3.1　アンケート調査票の作り方 …………………………………………… 148
3.2　効果的なグラフの選び方 ……………………………………………… 159
3.3　代表的な定期的調査 …………………………………………………… 165
3.4　IR関連主要法令 ………………………………………………………… 171
3.5　高等教育年表 …………………………………………………………… 175
3.6　高等教育の動向の情報源 ……………………………………………… 180
3.7　IRの基礎用語 …………………………………………………………… 185

参考文献 ………………………………………………………………………… 194
おわりに ………………………………………………………………………… 208
執筆者プロフィール …………………………………………………………… 210

第1部 IRの実践のための指針

1.1 IRとはどのような活動なのか

　IR（インスティテューショナル・リサーチ）の定義にはさまざまなものがありますが、本書では、「機関の計画立案、政策形成、意思決定を支援するための情報を提供する目的で、高等教育機関の内部で行われる調査研究」(Saupe、1990) を使用します。本書でこの定義を使用するのは、使用される頻度の多い定義の1つであるということに加えて、「支援するための情報を提供する」というIRの本質を明示的に含んでいるからです。また、IRの業務に従事する者を、インスティテューショナル・リサーチャーやIRerなどと表現することがありますが、本書ではIR担当者という名称を使用します。IRの専門部署についても、IR室、IR担当部門、IR組織、評価室などと表現されることがありますが、本書ではIR部門という名称を使用します。

　IRにはリサーチ、つまり研究という用語が含まれますが、ここで使用される研究は、学問志向の研究というよりも実践志向の強い調査研究です。定義に示されているように、「機関の計画立案、政策形成、意思決定を支援するための情報を提供する」ことを目的としています。したがって、IRの実践は、どれだけ大学の運営に貢献できたかという観点を第一に、評価されるべきと言えます。また、単に収集したデータを提供するのではなく、意味ある情報に変換してから提供することが求められます。ただし、IRの成果が執行部の意思決定に十分に反映されないという声はIR担当者からよく聞かれます。これはIRの歴史の長いアメリカの大学においても、程度の違いはありますが同様なようです (Howard、2001)。したがって、大学の運営に資する情報を生み出し、その情報が活用されるように努力することは重要ですが、必ずしも提供したすべての情報が活用されるわけではないことは理解しておくべきでしょう。

　また、IRは大学によって、その実践の内容が異なることも理解しておきましょう。それはIRが多様な期待を背景に発展してきた経緯と関係しています。ここでは簡単に3つの形態に分類して紹介します。第一の形態は、外部評価への対応業務を重視したIRです。認証評価や国立大学法人評価の導入を契機に、評価室などの名称の組織を設置した大学があります。そのような場合は、外部評価への対応への支援がIRに期待されます。第二の形態は、大学の経営活動の改善を

重視したIRです。この形態のIRでは、大学の計画策定や財務管理などの経営面の改善が期待されます。第三の形態は、大学の教育活動の改善を重視したIRです。学習成果の評価を通してカリキュラムや各種教育プログラムの質保証や改善支援が期待されます。

　それ以外にもIRの実践が多様化している理由があります。たとえば、大学の中で全学的なIR部門で進めるのか、それとも各部署で分散して進めるのかといった方法の違いによっても抱える課題は異なるでしょう。また大学が研究志向であるか教育志向であるか、官僚的な組織か同僚的な組織かなど、大学の性格によっても求められる役割は異なるでしょう。大学の特徴に加えて属人的な要素もあります。たとえば、以前の執行部は大まかなデータを提示すればよかったが、現在の執行部は細かなデータまで求めてくるなどもあるでしょう。

1.2　IR実践のための7つの指針

　本書では、大学間のIRの多様性を認識しつつも、優れたIRの実践に共通する原則が存在するという立場をとっています。ここでは、優れたIRの実践に共通する指針に注目し、そもそもIRとはどのような業務なのか、そしてどのような点に注意して業務を進めたらよいのかを示します。

　これまでIRについては、さまざまな視点から、書籍、ハンドブック、論文などにまとめられてきました。それらの先行文献や実践事例をふまえて、本書の執筆者でIRの実践において何が重要なのかを議論しました。その結果、IRの実践のための指針を、次の7つにまとめることができました。これは1つのまとめ方にすぎませんが、IRに取り組む際の参考になればと考えています。

　　指針1. 大学の目標達成に資する活動を進める
　　指針2. データを意味ある情報に変換する
　　指針3. データに基づく判断の有効性と限界を理解する
　　指針4. 客観性と中立性を重視する
　　指針5. 調査と報告において倫理面に配慮する
　　指針6. 学内外の多様な関係者と連携を進める
　　指針7. 専門性を高める機会をつくる

指針1．大学の目標達成に資する活動を進める

IRのIは、機関を意味するインスティチューショナルです。IRの活動は、一部の者の知的好奇心に基づく活動ではなく、大学の目標達成に資する活動として進める必要があります。大学の目標達成に資する前提として、大学の現状についてよく理解することが重要です。大学がどのような課題を抱えているのか、その課題はどのような要因と関連しているのか、今後どのような意思決定をとりうるのかなどを正しく把握することが求められます。大学の目標達成に資することは大切ですが、それは必ずしも大学の執行部などの指示通りに受動的に仕事を進めるという意味ではありません。大学の課題を自らが発見して活動し、大学の運営を支援するという積極的な姿勢も重要です。

指針2．データを意味ある情報に変換する

IRの主要な目的は、学内外の多様なデータを用いて計画立案、政策形成、意思決定を支援するための情報を提供することです。情報を提供するというのは、単にデータを提供するのとは異なります。大学にはさまざまなデータがありますが、多くのデータはある事実を表した無機質なものにすぎません。IRの業務は、データから意味ある情報へと変換することです。これがIRの業務の本質であり醍醐味と言えます。データを意味ある情報に変換するには、そのデータがどのような意味を持っているのか、他のデータとどのような関係があるのかなど、問題意識を持って仮説を立てたり解釈したりすることが必要です。また、データを加工して意味ある情報に変換するためには、定量的および定性的な各種分析手法も重要になります。

指針3．データに基づく判断の有効性と限界を理解する

人々の思い込みと実際のデータには大きなずれがある場合があります。現状を正しく把握せずには適切な意思決定を行うことはできません。たとえば中途退学者を減少させたいと考えた時に、データなしに対応策を考えるのと中途退学者の属性や中途退学の要因をデータで理解した上で対応策を考えるのとでは大きな違いが生まれるでしょう。データを利用することで正しく現状を把握し適切な判断ができます。また、データによって説得力が増し、組織での合意も得やすくなるでしょう。ただし、データに基づく判断の限界も理解しておく必要があります。

たとえば教育成果については、データではその一部しか表すことはできません。また、データは、大学のある現状を示すことはできますが、「である」から「べき」は導き出せないというヒュームの法則のように、価値を伴う具体的な提案には直接的にはつながりません。

指針4．客観性と中立性を重視する

大学の中にはさまざまな構成員がいます。大学の意思決定によっては、それぞれの構成員の利害に大きな影響を与えることがあります。そのため、活動を進める上では客観性と中立性が求められます。分析のデータと方法も明確にして、第三者が分析結果を検証できるようにすべきでしょう。分析結果を報告する際には、データや事実に基づいて客観的に説明をする必要があります。一部の構成員にとって都合がよくなるようにデータを解釈したり、不都合な情報を隠したりしてはいけません。そのような行為は、大学のためにならないだけでなく、IRに対する信頼をも低下させることになります。

指針5．調査と報告において倫理面に配慮する

IRの業務を進める際には、倫理面に配慮する必要があります。IRに携わる者としての責任と自覚を持ち、調査の対象者や協力者、所属する大学などに対してそれぞれの立場に配慮して、倫理的に適切な行動をとる必要があります。法令や規則の遵守はもちろんのこと、調査対象者などの安全や人権を尊重し、調査の過程や成果の公表方法などの事前の説明と同意、個人情報の収集と保護、調査データの管理などにおいて細心の注意を払いましょう。アンケートやインタビューなどは有効な方法ですが、協力者の労力や時間を必要とするため、協力者の負担を極力減らす努力が必要です。まずは既存のデータで十分に分析できるかどうかを確認すべきでしょう。既存のデータでは間に合わず、新たにアンケートを実施する場合においても、定期的に実施されるアンケートの中に追加項目を加えることができるか、全数調査ではなく抽出調査でもよいかなども検討してみましょう。

指針6．学内外の多様な関係者と連携を進める

IRの業務で使用するデータの多くは、学内の別の部署で一次データとして収集されています。そのため、学内のどこにどのようなデータがあるのかを把握し

ておくことが必要です。新たに調査が必要な場合は、調査の回答者として学生や教職員に協力を求めることになります。特殊な分析に関しては学内の研究者に協力をお願いすることもあるでしょう。連携の対象は学内だけではありません。たとえば、入学生を送り出す高等学校や卒業生を受け入れる企業なども大学教育を考える上では重要な連携の対象です。学内外の多様な関係者と連携しながら業務を進めることが多いため、IRの活動の意義を広く伝える必要があります。また、IRの業務で協力を得た関係者には、可能な範囲で調査結果を知らせるなどして良好な関係をつくることが求められます。

指針7．専門性を高める機会をつくる

IRの業務の質を高めるためには、業務の遂行に必要な知識を増やし技能を高めていく必要があります。IRは学際的な分野であり、教育学、心理学、統計学、情報学、経営学などのさまざまな専門的な知識や技能が求められます。専門性を高める機会をつくるためには2つの視点が重要です。1つは自分自身の職能開発です。IR関連のセミナーなど、近年では職能開発の機会は増えています。また、調査方法などについては多くの書籍が出版されているので参考になるでしょう。もう1つの視点は、IR担当者全体の職能開発です。アメリカでは1965年にIRに関する専門職団体が設立され、IRに関わる知識や技能を開発・蓄積・共有する仕組みができました。日本でも他大学のIR担当者と共に専門性を高めることが今後重要になるでしょう。

1.3　IR実践の5つのステップ

IRではさまざまな調査研究が行われますが、共通する標準的なプロセスがあることが指摘されています（Howard, 2001）。ここでは、その標準的なプロセスを調査設計、データ収集、分析前準備、分析、情報提供の5つのステップにわけて示します。実際の場面では、必ずしもこの順番どおりには進まず、直前のステップに戻ったりすることもあります。しかし、標準的なステップとそこでの留意点を理解しておくことはIRの実践の質を高める上で重要と言えるでしょう。

図1　IR実践の5つのステップ

ステップ1．調査設計

　IRの調査のきっかけはさまざまです。大学の執行部などから具体的な指示がある場合もあれば、担当者がある程度の裁量をもって調査を進めることができる場合もあります。また、調査の目的についても、大学の活動の改善を重視するのか、説明責任を果たすことを重視するのかなどさまざまでしょう。明確な仮説を検証するような調査もあれば、問題の構造や原因が不明瞭な場合に行う探索的な調査もあるでしょう。このようにIRの調査には多様な形がありますが、まず行うべきことは全体の調査設計です。調査には時間や労力を必要とするため、事前の設計を丁寧にすることが求められます。その際に重要なことは、何のために調査をするのかという目的の明確化です。そして計画した調査により目的を達成することができるのかという観点で調査内容を確認しておきましょう。

ステップ2．データ収集

　調査では、さまざまなデータを収集します。データには大きく分けて3種類あります。第一に、学内の既存データです。教務や人事などの学内のデータベースにすでに収集されているデータがそれにあたります。日頃から既存データにはどのようなデータがあるのかを把握しておく必要があります。収集した部署以外から提供を受ける二次データを扱う場合はその信頼性を確認する必要があります。第二に、学内で新たに収集する必要のあるデータです。学生、教員、部局長などからアンケートやインタビューなどで収集することになります。新たにデータを収集する際には、対象者に時間や労力を求めることになるので無駄のない設計が必要です。第三に、学外のデータです。卒業生、他大学、高等学校、行政機関、企業などは、大学にとって重要なデータを所有しています。

ステップ3．分析前準備

　データを収集したら、それを分析できる形にする作業に入ります。不要な情報、重複しているデータを取り除き、形式を揃えます。収集したデータに問題がない

か確認し、必要であれば修正や削除をします。たとえば学生の年齢が200歳と登録されていたり、男女のそれぞれの値の合計と全体の値が合わなかったりするなど、ありえないデータが含まれていることがあります。一部のデータに欠損値がある場合は、どのように処理するのかを決めなくてはなりません。また複数のデータベースからデータを収集する場合などでは、ファイルの統合が必要になることもあります。教員の論文数の調査などにおいては、同一人物のデータかどうかを確認する名寄せの作業が求められます。

ステップ4．分析

分析は、収集したデータを意味ある情報、つまり調査の目的に資する情報に変換する作業です。この作業は目的によって多様な方法があります。単純集計、時系列での推移、全国平均との比較などは基本的な分析です。要因の影響などを確認したい場合は、統計的に有意な相関関係があるかどうかの分析が有効です。進級、留年、中途退学などのデータから学生の学年別の在籍者数を予測したり、特定の業種の将来の労働市場のニーズを予測したりしたい場合には、その構造を簡略化した数理モデルを作成して分析を進めることができます。また、データは必ずしも数値で表されるものだけではありません。インタビュー、観察、文書の内容分析などの定性的な分析もあります。

ステップ5．情報提供

分析が終了したら、その結果を情報提供する段階に入ります。執行部などからの依頼で調査が進められたのであれば、まずは依頼者への報告が必要です。多くの場合は、会議での口頭報告もしくは文書での報告となります。報告の際には、聞き手がどのような知識を持っていて、報告に何を求めているのかを理解しておくことが求められます。意思決定に関わる内容の場合は、特定の意思決定からどのような結果が生じるかを明確にした形で報告します。大学の執行部などは多忙によりスケジュールが過密であることが多いため、分析結果を重要なことから簡潔に報告するなどの工夫が求められます。

【中井俊樹】

第2部　Q&A形式で学ぶIRの実践

Q1

調査設計

調査項目を作る際にはどのような点に留意すればよいでしょうか。

A 　調査項目を作る上で最も重要なことは、調査によって何が知りたいのかを明確にすることです。この点が漠然とした状態では、あれも知りたい、これも知りたいとなってしまい、いたずらに項目を増やしてしまうことになります。あるいは、本当に聞くべき大切な質問が抜けてしまうということが起こるかもしれません。こうしたことを防ぐためにも、まずは調査によって何が知りたいのかを関係者の中でしっかりと議論し、仮説を立て、それに基づいて項目を作成する必要があります。議論を行ったり、仮説を立てたりする際には、関係者の感覚だけに頼るのではなく、他の高等教育機関の先行事例や学術的な研究の中から問題関心の近いものを探し出し、それらをヒントにするとよいでしょう。もちろん、そうした先行事例や学術研究がそのままの形で使えるとは限りません。どのような機関や人を調査の対象とするのかを考慮して、状況に応じた形に作り替えていく必要があります。

　具体的には、問題関心と照らして、不必要な項目を削除したり、必要な項目を付け足したりしながら、項目を取捨選択することになります。また、回答する人の言語的な能力を考慮して、質問文の表現をより平易なものにしたり、説明を付け足したりすることも必要になるかもしれません。さらには、回答方法を変更することも考えられます。たとえば、選択肢の数や幅をどうするか、択一式にするか複数回答可にするかについても状況に応じて使い分けましょう。また、選択式だったものを自由記述式に変更する、あるいはその逆にするといったことも考えられます。いずれにしても、調査の対象となる人や機関の文脈を考慮しつつ、調査によって何が知りたいかということをしっかりと議論することが必要でしょう。

（川那部）

Q2　　　　　　　　　　　　　　　　　　　　　　　　　　調査設計

改善につながる調査項目とはどのようなものでしょうか。

A 　学術的関心に基づく調査では実態把握や仮説の検証が主な目的です。一方、IR では現状の改善が最終的な目的となります。そのため、実態を把握するだけでなく、実際に改善につながるような調査になっているかが特に重要になります。調査実施後に執行部などが IR の実践を評価する際にも、この部分に重点が置かれるでしょう。たとえば、学生の学習状況の改善を図ることを目的として調査を実施したとします。この場合、学習状況について尋ね、それが学年や学部・学科などでどのように異なるのかを知ることは、現在の課題を明らかにする上で重要です。ただし、改善につなげるという目的からすると、こうした実態の把握のみでは十分ではありません。なぜなら、実態把握により課題が明らかになっても、どのような対策をたてればよいかということについては十分な示唆が得られないためです。

　そこで、こうした調査を実施する場合には大学側が介入可能な要因をあらかじめ想定し調査項目に組み込んでおくことが重要になります。たとえば、学習状況を改善するために大学が介入できる要因としては授業や学習支援の在り方などが挙げられるでしょう。その際これらを調査項目に組み込み、具体的な改善策につなげるためには、大学の人的・物理的・経済的資源を考慮することも必要です。仮に、教員数を大幅に増やす、大講義をなくすということが学生の学習状況を改善するといった結果が得られても、それが可能でなければ改善には活かせません。改善につながる調査項目を作成するためには、実際に改善を担当する部署と事前に打ち合わせをし、何をどこまで変えられるのかを共有しておくとよいでしょう。

（岡田）

Q3 調査設計

記名式と無記名式のアンケートではどのような違いがありますか。

A 記名式と無記名式のアンケートには、それぞれメリットとデメリットがあります。記名式の最大のメリットは、回答者の特定が可能になることです。そのため、アンケートで得られた情報以外のその人の情報と結合させることが可能になります。たとえば学生調査の場合、学籍番号の記入があれば、アンケートの中で尋ねなくても、学業成績や単位の修得状況、入学の際の入試形態、性別、学年、学部や学科など、さまざまなデータを入手することができます。また、時間経過に伴う変化を追跡して調査する場合には、個人の特定ができることは必須になります。さらに、個人の特定が可能であるということから、回答者が自身の回答に責任を持つということも考えられます。

こうした記名式のメリットは、そのまま無記名式のデメリットとなります。無記名式の場合、個人の特定ができないため、アンケートの中で必要な情報のすべてを収集する必要があります。さらに、追跡調査を行うことが極めて困難になります。

記名式と無記名式のデメリットも、メリットと同様に表裏の関係にあります。記名式の場合、回答者が回答に伴う利益や不利益を想像して、意図的に本来の考えとは異なった回答をしてしまう可能性があります。たとえば、学生が授業時間内に教員の目の前で授業評価アンケートに回答する場合、実際にそんなことはなくても、アンケートへの回答内容が成績評価に影響するかもしれないと勝手に判断してしまい、実際よりも肯定的に回答してしまうかもしれません。さらに、あまり他の人には知られたくない事柄についてのアンケートであれば、そもそも回答すること自体に大きな抵抗を感じるかもしれません。この点については、無記名式の場合であれば個人の特定がなされないため、回答に対する抵抗感も低く、回答者の本来の考えを引き出しやすくなります。

(川那部)

Q4 調査設計

アンケート調査では対象者全員を調査すべきでしょうか。

A 　調査において、想定される対象者集団の全体を母集団と呼びます。その母集団の中から抽出された集団が標本（サンプル）です。全数調査とは、母集団全体に回答を求める調査を指します。そして、抽出調査とは、母集団から抽出された標本に回答を求める調査を指します。全数調査と抽出調査のどちらがよいかは一概に決めることができず、それぞれメリットとデメリットがあります。

　全数調査のメリットとしては、調査対象とした集団の全員に調査を行うため、結果の**信頼性***が非常に高くなるということが挙げられます。しかし、デメリットとしてコストの高さがあります。母集団全体に対して調査を行うためには、調査により多くの時間や人手を要することになります。アンケート調査であれば印刷代などの費用も高くなります。また、たとえば、対象が特定の大学の特定の学部の学生ぐらいであれば全数調査ができるかもしれませんが、日本の大学に通うすべての学生を対象にするような場合には全数調査は現実的に不可能だと言えるでしょう。

　コストや実現可能性を考慮すると、抽出調査にせざるを得ないことも出てきます。しかし、抽出調査の場合、調査対象となった標本が母集団を代表しているかどうかが問題になります。たとえば、調査に回答した人たちが、母集団の中の少数派であったり、極端な考え方をしていたりすると、抽出調査の結果を一般化することはできません。そこで、いかにして適切な標本を抽出するかを考える必要があります。抽出調査の結果を一般化するためには、母集団の中から標本を無作為に抽出しなければなりません。無作為抽出（ランダム・サンプリング）には、単純無作為抽出法や系統抽出法、多段抽出法、層化抽出法などの方法があります。こうした手続きを経れば、抽出された標本が母集団を代表している可能性が高くなります。

（川那部）

Q5 調査設計

アンケートの実施時期の適切性はどのように判断すべきでしょうか。

A アンケート実施の時期が適切であったかどうかは、2つの点から判断できます。第一は回答率です。ただし、回答率が低いことがそのまま実施時期の不適切さを表すわけではありません。なぜなら、回答率はアンケートの内容や対象者にとってのアンケートの重要度などにも影響されるからです。しかし、対象者が多忙であるなど、アンケートに集中できない状態の時にアンケートを実施してしまうと、いい加減な回答が多くなったり、そもそも回答してもらえなかったりするかもしれません。たとえば、卒業論文の締め切り間近に、卒業年次学生を対象にしたアンケートを実施しても、多くの学生はアンケートどころではないでしょう。回答率を高めるためには、対象者がアンケートにしっかりと余裕を持って取り組める時期を選択する必要があります。

第二は調査目的との適合性です。新たに提供されたプログラムの効果検証を行いたい場合を例に考えてみましょう。効果の検証を行うためには、プログラムを受ける以前の状態とプログラム終了後の状態とを比較する必要があります。当然ながら、プログラムが開始されてしばらく経ってからや、プログラムが終了する前では、必要な情報を収集することができません。そのため、調査の時期はプログラムの開始直前と直後となります。さらに、この新たなプログラムの効果について、プログラムが終わってからも効果が維持されることを示す必要がある場合、直前および直後の調査だけでは不十分です。プログラムが終了してから数カ月後や1年後、あるいは2年後のように一定期間後にもアンケートを行うことも考えられます。つまり、アンケートによって何が知りたいかを明確にしておけば、アンケートを実施すべき時期はおのずと決まってくると言えます。 （川那部）

Q6　調査設計

アンケート調査を実施する際には誰の了解を得るべきでしょうか。

A　大学で実施されているアンケートにはさまざまな種類がありますが、共通しているのはアンケートの「回答者」と「実施者」の少なくとも二者が存在するということです。アンケートの結果を、実施者以外が大学における何らかの意思決定に利用するのであれば、これらに加えて「活用者」も想定してよいでしょう。こうしたアンケートの実施にかかわる主体すべての合意を事前に取っておくことが不可欠になります。

　たとえば、組織の教育改善を目的とする IR の一環として実施する学生アンケートの場合は、第一に回答者である学生にアンケートの趣旨（目的、活用の範囲、個人情報保護規定など）をきちんと文書および口頭で説明し、個々人の了解を得た上で答えてもらうような手続きが必要です。大学によっては、書面に署名することで公式の同意を得るという方法をとっているところもあります。さらに、アンケートの実施者は、実施に伴う組織的な合意を組織の長と関係委員会から得ておくことが必要でしょう。実施者の単位は、全学、学部、学科などとさまざまですが、いずれにおいても当該機関の情報管理規定に基づき、その単位に相当する組織の長の了解を得ることが欠かせません。　　　　　　　　　　　　　　（鳥居）

Q7　調査設計

アンケート調査で失敗しないようにするために、どのような予備調査が必要でしょうか。

A　本調査を作成するために実施する予備調査には、大きく分けて2種類あります。1つは、本調査にかなり近い状態で最終的な確認を行うものです。もう1つはどのような質問項目をアンケートの中に盛り込むかを探索する

ために行うものです。

　前者の場合、アンケートにおいて何をどのように尋ねるかが既にしっかりと決まっており、予備調査の内容は本調査と大きく変わりません。しかし、本調査でのアンケートを洗練させるために、予備調査での単純集計結果を丁寧に分析することが必要です。たとえば、回答の偏りや無回答、無効回答などが多く見られた項目を見つける作業がこれにあたります。無回答や無効回答が多く見られた項目は、回答者にとって回答しづらいものだと考えられます。回答しづらくなってしまう理由はさまざまありますが、代表的なものとしては、質問文の意味、あるいは選択肢の意味がわかりにくいということが挙げられます。こうした場合、質問文や選択肢の表現を修正したり、アンケートから除外したりする必要があります。また、相関分析などを行い、アンケートに含まれている項目間の関係を見て、項目を除外したり、新たに項目を追加したりする場合もあります。

　探索的な予備調査は、問題関心に関連した先行事例や先行研究が見当たらず、どのような質問をすべきかを新たに考えていく際に行います。ある程度の仮説が立てられるのであれば、選択肢を設定するなどして、アンケート形式で行うことも可能です。そうした場合は、上で述べたような手続きで本調査を作成していくことになります。一方、仮説を立てることが難しい場合の予備調査では、少し漠然とした質問に自由記述式で回答を求めたり、アンケートではなくインタビューを行ったりすることになります。こうした予備調査から得られたデータは、KJ法を用いて分析したり、内容に基づいてカテゴリーに分類したりします。そして、この結果に基づき、本調査での質問の仕方や選択肢などを考えていくことになります。

(川那部)

Q8　　　　　　　　　　　　　　　　　　　　　　　　　調査設計

個人を特定せず追跡調査をするにはどのような工夫が必要でしょうか。

A　時間経過に伴う変化を明らかにしたい場合、横断的な調査と縦断的な調査の2通りが考えられます。前者は、個人に焦点を当てるのではなく、

集団に焦点を当てます。そのため、集団の平均が時間経過に伴ってどのように変化したかを分析することになります。後者は、その逆で個人の変化に焦点を当てます。同一人物を異なる複数の時点において調査することになります。

　横断的な分析は、全体的な傾向を把握する上で非常に有効ですが、縦断的な分析で得られるような時間経過に伴う変化の個人差は考慮されません。たとえば、テストの得点などであれば、得点が向上した人もいれば、低下した人もいるでしょうし、ほとんど変わらなかった人もいるはずです。横断的な調査を行った場合、全体として得点が向上したのか低下したのか、というようなことは明らかにできますが、得点変化の個人差は結果には反映されません。さまざまな学生の多様な成長の軌跡を把握し、より学習支援に資するデータを収集するためにも、個人を追跡し、縦断的な調査を行っていくことが求められます。

　縦断的な調査を行うためには、各調査において誰がどのような回答を行ったかについて把握しておく必要があります。しかし、調査者や分析者、報告を受ける人など、複数の人の目に個人の特定が可能な情報が触れることは、個人情報保護の観点から問題があります。そこで、一般的には、氏名や学籍番号などの個人が特定できるデータを、入力する段階において、何らかの形で暗号化する方法がとられています。暗号化の方法はデータ入力者のみが把握している状態にしておき、データ入力と分析とを別の人物が担当すれば、誰がどのような回答をしたのかを特定することはできなくなります。当然ながら、データ入力者も分析者も調査者と守秘義務契約を交わしておくことが必要です。

（川那部）

Q9　　　　　　　　　　　　　　　　　　　　　　　　　　　　調査設計

卒業生を対象に調査を実施したいのですが、連絡先をどのように得たらよいでしょうか。

　A　卒業生を対象とした調査を実施する場合、その連絡先は同窓会組織に尋ねるのが一般的です。各大学にある同窓会組織に頼ることで、卒業年度単位、学部単位、地域単位で対象者の連絡先を得ることが可能になるでしょう。ただし、個人情報保護の観点から、同窓会組織に尋ねても個人の連絡先は容易に

は入手できないこともあります。その場合、同窓会組織が発行している会報誌などに調査についての情報を掲載してもらったり、同窓会組織が開催する集会などで調査の説明を行い協力者を募ったりする方法が考えられます。いずれの場合であっても、同窓会組織と大学との連携が密に取れていれば、協力者が集まる可能性は高くなるでしょう。

　また、現在の卒業生の連絡先を入手する方法ではありませんが、学生が大学に在籍している間にあらかじめ連絡先を入手しておく方法も、長期的に見れば効果的です。たとえば卒業式などで、将来卒業生を対象とした調査に協力してもらうかもしれない旨を説明し、同意を得られた学生から卒業後の連絡先を提供してもらい、把握しておくことが考えられます。上述の同窓会組織へ依頼する場合にも共通しますが、卒業時における大学への満足度や大学生活の充実感・達成感が高くなければ、卒業生に調査に協力してもらうことは困難になります。　　（川那部）

Q10　調査設計

少人数の対象者に向けてアンケート調査をすべきでしょうか。

A　属性などから回答した人が特定されてしまうほどの少人数の場合は、回収したアンケートを属性別に集計して分析するのは適切ではありません。そもそも少人数に対して大集団と同一の調査票を用いるのは不向きかもしれません。授業評価アンケートでは全学で統一された調査票を用いることが多いようですが、対象となる授業の学生人数規模には大きな差があります。大学によっては、演習・ゼミのような10人以下の少人数で行われる授業には、統一調査票による授業アンケートは実施しないという場合もあります。授業アンケートの目的の1つに授業の課題を見つけ出すことがありますが、少人数クラスの場合は、アンケートではなく学生から直接意見を聞くことで代えることができるかもしれません。紙を配付してのアンケート実施にこだわる必要はありません。　　（藤井）

Q11

調査設計

調査方法としてアンケート調査以外にどのような方法がありますか。

A アンケート以外の調査方法として、代表的なものとしてはインタビュー、テスト、観察が挙げられます。どの方法を選ぶかは、調査の目的、収集したいデータの内容、調査に要するコストを基準にするとよいでしょう。

　アンケートは、学生調査をはじめとして、IRにおけるさまざまな調査で利用されています。アンケートの利点は比較的低いコストでたくさんのデータを収集できる点にあります。その一方で、アンケートは実施方法や実施時期、質問文や選択肢の表現などによって、回答率が低くなってしまったり、**信頼性**＊が損なわれたりすることもあります。さらに、調査者が想定していない事柄は、それがたとえ実際には非常に重要なことであっても、質問項目としてアンケートの中に盛り込むことができません。この点に関しては、インタビューによる質的調査が有効です。もちろん、自由記述式のアンケートを用いることによっても、質的なデータを収集することはできます。しかし、自由記述式のアンケートは、その回答内容が対象者の書く能力に大きく依存するため、解釈可能なデータを得ることが難しくなったり、対象者が意識していない潜在的な考えなどを収集することができないこともあります。さらに、文章を作成するという回答方法は対象者に対する負荷が高いため、回答率が低下する可能性もあります。

　調査目的が学習成果の測定であれば、アンケート以外には試験やレポートなどによって学生の知識や問題解決能力を測定する方法があります。しかしながら、たとえば近年求められることの多い、リーダーシップやコミュニケーション能力、国際的な視野といった態度や姿勢、スキルなどを紙と鉛筆式の試験で正確に測定することは困難です。この場合、ある特定の場面において実際にどのような行動をとったかということを指標とする思考力や判断力、表現力の評価も必要になります。こうした評価を行うためには、実際の行動を観察したり、その人のことをよく知る他者による評価を行うことなどが必要ですが、場面や評価者による評価基準のずれをどのように扱うかが問題になってきます。

（川那部）

Q12 調査設計

インタビューにはどのような種類がありますか。

A インタビューの種類を考える際、2つの切り口があります。1つは一度のインタビューで対象となる人数により種類分けするという観点です。もう1つは質問と応答の形式により分類するという観点です。対象人数による分類では、大きく分けて個別インタビューと集団インタビューの2つがあります。個別インタビューは、一度のインタビューにおいて対象となる学生が1名のみの場合を指します。集団インタビューでは、一度のインタビューにおいて対象となる学生は複数です。個別インタビューと集団インタビューは、尋ねる内容に応じて使い分けられています。学生にとって、あまり他の人には知られたくないような、よりプライベートな質問をする場合は集団よりも個別インタビューの方が望ましいとされています。また、集団インタビューでは、学生が他の学生の意見や考えを聞くことによって、自分の本心を語らず、同調してしまう危険性もあります。ただし、個別に行う場合、一度に1人ずつにしか尋ねられないため、集団で行う場合と比べ、面接者の人数や時間がより多く必要となります。

質問と応答の形式に着目すると、応答形式の構造化の度合いで分類できます。「はい／いいえ」や「好き／嫌い」、「Ａ／Ｂ／Ｃ」などのように、応答が限られた選択肢の中から選ばれるようなインタビューを構造化インタビューと呼びます。この場合の質問は「閉じた（クローズド）質問」とも呼ばれ、調査者が必要としている情報を的確に把握することができる一方、学生から語られる内容が限られているため、調査者が想定していない関連要因については調べることができません。これに対し、面接者が枠組みやテーマを与え、それについてどのように考えるかを、対象者にある程度自由に話してもらうインタビューは、半構造化インタビューと呼ばれます。半構造化インタビューでの質問は「開かれた（オープンエンド）質問」と呼ばれ、構造化インタビューでは不可能であった調査者の想定外の関連要因を探ることが可能になります。そのため、探索的な調査において半構造化インタビューが用いられることが一般的なようです。しかし、得られる

データがテキスト形式であることから、結果の解釈に分析者の主観が入り込みやすいという問題もあります。 　　　　　　　　　　　　　　　　　　　　　　　　(川那部)

Q13　　　　　　　　　　　　　　　　　　　　　　　　　調査設計

学生による自己評価は信頼できますか。

A　学生の学習成果について包括的なレビューを行った文献によると、テストなどによる直接的な評価と学生の自己評価とはある程度一致しているとされています (Pascarella & Terenzini, 2005)。そのため、学生による自己評価を信頼することはできると言えるでしょう。

　学生による自己評価は、調査の容易さから、学生の学習成果の測定をはじめ、さまざまな調査において用いられています。その一方で、たとえば学習成果に関しては、科目試験やレポート、プロジェクト、卒業試験、卒業研究や卒業論文あるいは TOEIC や TOEFL といった試験など、直接的な評価の方が信頼できる結果を得られるという印象がもたれています。

　こうした印象が完全に誤っているというわけではなく、自己評価のみを絶対的に信頼してしまうことには危険が伴います。質問文や選択肢の意味が正確に理解できていなかったり、客観的、批判的に自己を分析する力がなければ、得られる結果は妥当なものとは言えません。質問に回答する学生の言語的な能力や客観的に自己を把握するメタ認知的な能力の程度によっては、結果の**信頼性**[*]が損なわれることもあります。

　自己評価の信頼性を左右するものには、こうした学生側の要因以外に、調査者側の要因もあります。尋ねる内容や尋ね方によっては、質問文に対する学生の理解と調査者側の意図とがずれてしまうこともあるかもしれません。たとえば、「授業中の勤勉な態度」ということについて、学生の考える「勤勉さ」と調査者側が考える「勤勉さ」がそもそも違っていれば、得られる結果は妥当なものにはなりません。また、調査の時期によっては、質問への回答が成績に影響するかもしれないと想像した学生が、意図的に本心とは異なる回答をしてしまう可能性も

あります。こうしたことをふまえると、特に学習成果の測定においては、学生による自己評価のみに頼るのではなく、客観的な評価も併せて利用することを検討していくことが必要だと言えるでしょう。

(川那部)

Q14　データ収集

アンケート調査への回答率を高めるにはどのような方法がありますか。

A　アンケートへの回答率を高めるための一般的な方法として、アンケートの内容や紙面の工夫が挙げられます。たとえば、文章を記述するよりも、複数の選択肢の中から該当するものを選択する方が回答しやすくなります。また、質問の意味がわかりづらかったり、文字が小さ過ぎると、アンケートを読むだけで疲れてしまいます。さらに、大量の質問が並んでいては、回答者はそれだけで答える気をなくしてしまうでしょう。もちろん、入手したい情報についての項目を除外することはできませんが、アンケートを作成する際に、回答する人の立場に立って、どうすれば回答しやすくなるか、回答しようという気が起こるかを考慮することが重要です。

アンケートに強制力をもたせるという方法もあります。たとえば、アンケートに回答しなければ履修登録ができなかったり、試験が受けられなかったりといった条件を加えることで回答率はかなり高くなるでしょう。ただし、この方法を採った場合、単にアンケート用紙を埋めさえすればよいという印象を与えてしまい、対象者によっては回答が真剣になされない危険性も高まります。アンケートへの回答に対して報酬を与えるという方法も回答率を高めるための効果的な方法の1つですが、アンケートに強制力をもたせた場合と同様の問題が生じることがあります。

アンケートの形式や内容、実施方法を工夫する以外では、アンケートの結果が実際に利用されているということを回答者に示すことも有効でしょう。たとえば、自分たちの意見が反映されて授業の運営方法が変わったということが伝われば、次のアンケートの際の回答率は上がることが予想されます。

コラム①

データの持つ力を実感した経験

　1998年に名古屋大学に助手として採用された私に最初に任せられた業務は、全学共通科目の授業アンケートの分析でした。コンピュータに向かってのべ5万件のデータと格闘する日々が続きました。

　当時の全学共通教育の1つの課題は、初年次学生向けの基礎セミナーの少人数化でした。当初は25名を基礎セミナーの受講者数の基準とし、25名を前提に教員の授業担当コマ数のルールが定められていました。教養部の解体後のカリキュラムだったこともあり、苦労して全学で合意した授業担当コマ数のルールを変更することは容易ではありませんでした。

　少人数化に向けた改革を進める議論の場では、さまざまなデータが活用されました。まずは、受講者数に対する教員の現状認識のデータです。教員向けの授業アンケートでは、9割近い教員が受講者数が多すぎると回答していました。ティーチング・アシスタントからも受講者数が多すぎるという自由記述が多数見られました。その現状をふまえて、名誉教授やボランティアで担当する学内教員に授業の担当を依頼するという方策がとられました。それらの協力教員の授業アンケートの結果からは、一般の教員よりも教員の熱意や学生の満足度などにおいて評価が高いことが示されました。さらに、少人数化が進むにつれ学生の満足度などが向上していることが示されました。

　このような継続的な情報提供に伴って、基礎セミナーの少人数化は急速に進みました。なんと1997年に22.3人だった平均受講者数は、2003年には11.4人と、ほぼ半減することになりました。その間には、新しい学科創設に伴う再編や授業担当コマ数のルール変更を含むカリキュラム改革などもありましたが、そのような機会に大きくクラス規模を縮小できたのは、それまでの情報提供によって課題が共有されていたからだと思われます。

　正直に言いますと、初めのうちは授業アンケートの分析をしても組織的に活用されるのだろうかと半信半疑でした。そのような私にとって、この事例は合意形成に対するデータの力を実感する機会になったと同時に、自分の担当した業務が報われたなと感じる最初の経験となりました。　　　　（中井）

回答する人に配慮したアンケートを作成したり、対象者にアンケートの意義や重要性を十分に理解してもらったりすることは、アンケートに強制力をもたせたり、報酬を与えたりする方法と比べると、遠回りに見えるかもしれません。しかし、より**信頼性***のあるデータを収集するためには、こうした工夫や手続きは欠かせないと言えるでしょう。

(川那部)

Q15　データ収集

アンケート調査をオンラインで実施する際にはどのような点に留意すべきでしょうか。

A　アンケートをオンラインで実施することのメリットは、人・時間・費用を節約できることです。オンラインで実施することによって、アンケート用紙を印刷・配付・回収する必要がなくなり、回答を電子化するためコンピュータに入力するコストも大幅に下げることができます。また、携帯電話やスマートフォン、自宅のコンピュータからでも回答可能な状態にしておけば、授業やガイダンスなどの大勢が一堂に会する機会に時間を確保して実施しなくても、対象者の都合のよい時にじっくりと回答してもらうことが可能です。

　こうしたメリットは、実施方法やデータの集計方法について事前にしっかりと検討しておくことによって発揮されます。たとえば、データの出力形式が集計ソフトや統計ソフトに対応していなかったり、対応していたとしてもすぐに分析可能な形式になっていなければ、結局、出力されたデータを整えるために人的、時間的コストが必要になってしまいます。

　また、本来であれば、アンケートは対象となる個人が自分の考えに基づいて回答することが求められますが、調査の実施者の目の届かない場所で回答がなされる場合、誰かと相談しながら回答したり、本人ではない他の人が回答するということも起こりえます。さらに、アンケートの内容によっては、インターネットや文献などで質問への回答を調べた上で回答されてしまう可能性も考えられます。

　こうしたことが生じた場合、得られたデータの**信頼性***は著しく損なわれてしまいますが、目の前で回答がなされていないため、信頼性の高低について判断す

ること自体が難しくなってしまいます。オンラインでアンケートを実施するメリットを最大限活かすためには、事前にデータの出力形式と分析方法まで検討しておいたり、回答者本人のみが答えられるようにパスワードを設定したり、何らかの手段で調べてから回答することを防ぐために、一定の時間内に回答しなければウェブページの期限が切れるようにするなどの工夫をする必要があるでしょう。

(川那部)

Q16　データ収集

インタビューを実施する際にはどのような点に留意すべきでしょうか。

A　インタビュー調査をする際に留意する点としては、面接者の属性、ラポールの形成、質問の仕方、インフォームド・コンセントの4つがあります。

　面接者の属性についてですが、たとえば、学生にモラルに関するインタビューをした場合に、教員、職員、学生のどの立場の人がインタビューをするかによってインタビューされる学生が話す内容は異なるでしょう。また、同じ教員であってもゼミの指導教員と普段接点のない教員とでは学生の反応も違います。対象者が思っていることを話しやすいよう、面接者にはなるべく利害関係がなく対象者を防衛的にさせないような人を選ぶことが重要です。

　ラポールとは、親和的で相互に信頼できる関係性のことを意味します。誰でも初対面の人と話す際には程度の差はあれ緊張しますし、個人的なことを話すのは抵抗があります。そのため、インタビューでは最初にラポールを意識することが重要になります。たとえば調査の質問に入る前に、「今日はどこから来られたんですか？」「最近暑いですね」などのちょっとした会話を柔らかい表情で行うと、お互いの緊張もほぐれ和やかな雰囲気で面接が進められるでしょう。

　質問の仕方は、調査結果に直接関わってきます。誘導的な質問や面接者自身の話を始めること、対象者の発話に対して否定的な態度を示すことは避けるべきです。こうしたことをしてしまうと、結果が歪んだり、対象者が思っていることを

素直に話せなくなってしまったりします。普段の会話の中ではこうしたことが意識せずになされていますが、面接では対象者の発話内容だけでなく自分の発言についても意識しながら質問することが求められます。

最後のインフォームド・コンセントとは、調査に関して対象者に十分説明し合意を得ることです。特にインタビュー調査では個人的なことについて詳細な情報を得るため重要になります。具体的には、調査目的やプライバシーの保護、結果の利用方法などについて説明したり、ICレコーダーなどの使用の許可などを得たりしておく必要があります。 （岡田）

Q17　データ収集

教員にデータを提供してもらうためにはどのような工夫が必要ですか。

A　大学全体の論文数の傾向や教員の受賞の状況を把握したい時のように、すべての学内教員に対してデータ提供を依頼しなければならない場合があります。教員にデータ提供を求めるにはさまざまな課題があります。

まずは、全員の教員からデータが提供されるというのは多くの大学において難しいということを理解しておくべきでしょう。大学評価の担当者の間では、「教員評価の根拠資料にデータベースを指定して入力を義務づけようが、入力しない教員にペナルティを課そうが、何をしようとも、絶対に100％の入力はない。100人の教員がいればデータの管理母体が100箇所増えるわけであり、その100箇所のデータの管理母体が一糸乱れず遺漏無く動くことは不可能である」と指摘されています（大学評価コンソーシアム、2013）。

次に、大学ですでに所有しているデータは、教員に提出させないという配慮が必要です。多くの教員は、それまでにも多くの調査に回答しています。同じ内容を何度も提出させることは極力なくす努力が求められます。すでに教員データベースに入力しているデータなどは、あらかじめ入力した状態で教員にデータ提供を依頼するべきでしょう。研究業績については、民間のデータベース会社から自大学分のデータを購入するという方法をとっている大学もあるようです。

それらをふまえた上で、データ収集の目的と意義を教員に丁寧に伝えることが重要です。また、執行部にデータ提供の重要性をさまざま場面で構成員へ伝えてもらうことも効果的であると言われています。さらに、収集されたデータがどのように活用されたかを伝えることも、次の調査で協力を依頼するために有効です。

(中井)

Q18　　　　　　　　　　　　　　　　　　　　　　　　データ収集

学内の各部署にデータ提供を依頼する際にどのような点に留意すべきでしょうか。

A まずは、学内のどこかに対応可能なデータがすでにあるかもしれませんので、そのような部署を特定します。英語で行われている授業数という質問であれば、各学部の教務係に尋ねるなどです。次に、実際にデータ提供の依頼をします。学外からの調査に対応するためにデータ収集をしている場合は、先方から来ているデータ定義書をデータ保持部署への依頼に添付するのがもっとも確実です。また、それが誰からどのような目的で尋ねられているのかを示す資料も添付するとよいでしょう。

このデータ定義と収集の目的の部分を軽視してはいけません。英語で行われている授業が厳密に何を含め何を含めないのかを明記し、担当者の裁量によって異なる回答が出ないようにしなければなりません。たとえば、原書講読などの授業名で英語で書かれたテキストを読み進めるという授業や、留学生対象の日本語の授業で英語が補助的に使用されている授業を含めてもよいかなどの点を明らかにし、回答する担当者に疑問を生じさせない定義が必要です。調査目的を知らせることでこの疑問がクリアになることがあります。たとえば外国人留学生の増加と大学の国際化の実態を把握する調査ということがわかれば、その時点で従来から存在した授業である原書講読は含まないことが理解できます。

最後に気をつけるべきことは、このような学内への問い合わせによる方法でデータを収集することは手間がかかり、回数が増えると問い合わせを受ける側の負担が増加することです。一度の照会で意図するデータが得られるように、上記の

定義と目的を精査してから問い合わせをすることを徹底する必要があります。曖昧さの残った定義になっていた場合は、照会期間中に発生した質問とそれに対する回答をリストにして、再度依頼することも有効かもしれません。また一度回答したデータは、その後類似の質問があった場合に備えて、適切に保存しておくことがよいでしょう。

(藤井)

Q19　データ収集

各部署のデータを効果的に収集するにはどのような方法がありますか。

A　学内のデータを一カ所に集約する**データウェアハウス***の構築や一元管理とまではいかなくても、関連する情報のみを集約したデータベースなどが構築されれば、データ活用は容易になるでしょう。調査事案が発生するたびに関連する部署にデータを問い合わせるという、非効率な事態を減らすことができます。理想は、必要になりそうなデータをあらかじめデータベースに登録しておき、大部分の調査事案はデータベースを参照するだけで解決するという形にすることです。そのためには、まずはどの部署にどのようなデータが蓄積されているかを整理すると同時に、既存の調査ではどのようなデータが必要とされてきたかを把握する必要があります。

必要なデータを保有している部署が特定できたとしても、データ管理や活用の権限の関係から、収集が難しいこともあるかもしれません。また、データベースへの入力という新たな業務が発生するため、それを誰が行うのかという問題も生じます。そのような場合に重要になってくるのが、何のためにデータを用いるのか、それによってどのような利益が生じるのかについて、各部署にしっかりと理解してもらうことです。そのためには、IR担当者が問題となっている事柄や調査の目的を明確に説明できなければなりません。また、普段からのIR部門と各部署との連携も重要になってくるでしょう。

(川那部)

Q20　データ収集

調査で収集したデータはどのように管理すればよいでしょうか。

A　アンケートやインタビューなど、どのような調査を行った場合でも、データが収集されることになります。これは紙と鉛筆式の調査であっても、オンライン調査であっても同じです。多くの場合、得られたデータは分析を行うためのソフト、たとえばExcelやSPSSなどに入力されます。回収された調査票については、個人情報の保護を考慮し、一定の期間厳重に保管し、その後処分する方法が一般的です。電子ファイルの管理については、一元化するか分散して所有するかの2通りが考えられます。

　データを一元化して管理する場合、BI（Business Intelligence）や**データウェアハウス**＊が用いられます。こういったシステムは、すべてのデータが関連づけられた形で蓄積されていくため、何らかの分析を行う際に、必要なデータを取り出すことが非常に容易であることが特徴です。ただし、新たにシステムを構築する際には、既存のシステムとの対応関係やデータの種類、定義の整理や、各種データの利用権限を誰にどこまで付与するかについての検討が必要になります。また、大学全体の多岐にわたる膨大なデータを1つのシステムで管理することになるため、その開発には多大な費用が必要になります。

　一方、データを分散して所有する方法については、システムによる一元管理ほどの費用はかかりません。それぞれの電子ファイルに含まれているデータがいつ、どこで収集されたものかさえ明確になっており、関係者以外の人がファイルを開けないようにパスワードなどをかけておけば問題ないでしょう。ただし、複数のファイルを統合したい場合は、一元管理に比べて労力を要します。たとえば、学生調査で収集した満足度に関するデータと成績や修得単位などのデータとの関連性を分析したい場合、学籍番号のような共通するデータを軸に対応づけて、新たなファイルを作成しなければなりません。

（川那部）

Q21　データ収集

外部評価に対応するためにはどのようなデータシステムが求められますか。

A　国立大学の法人化と、時をほぼ同じくして始まった**認証評価***は、学内のデータの収集・保管・活用について考え直すきっかけの1つになりました。毎年度作成する**国立大学法人評価***の年度実績報告書や、国公私立のすべての大学が7年以内に一度受審する認証評価は、計画の進捗状況や自己点検を文章で表現した資料に根拠資料と呼ばれるデータなどの資料を付けることが求められたからです。

　当初、根拠資料を作成する担当者は、必要なデータが学内のどこにあるかを調べ、どのように得てくるのかを決定することに頭を悩ませていたようです。縦割りといった組織文化要因もあり、最初の困難は、誰がデータを持っているかを特定することだったという声を聞きます。また、国立大学法人の年度実績報告書では毎年度資料を作成するため、効果的な方法を編み出して翌年度以降に手間を軽減させたいというのは切実な願いでした。

　そこで検討されたのがデータシステムの導入です。このシステムの機能には、

- 目標計画の進捗状況を記録する機能
- 根拠資料を登録する機能
- 学外からの調査に対応したフォーマットで蓄積したデータを出力する機能

が共通して含まれているようです。評価対応データシステムと呼ばれるパッケージ製品がこれに相当します。システムを内製した大学もあります。

　このシステムのメリットは、データの保存場所がそれぞれの部署の個人のコンピュータではなくシステムに登録されることで、人事異動の際の引継ぎが容易になることや、データを活用したい場合にいつでもシステムから引き出せることが挙げられます。デメリットは、入力者が負担を感じること、データを活用できる範囲を決定するのに熟慮が必要なことがあり、特に、自らが活用できないデータを入力するように求めるのは理解を得にくいことが挙げられます。

コラム②

大学院生はシャープペンシルを持ってない？

　名古屋大学では、入学ガイダンス時に学部・大学院の入学生全員に対する調査を行っています。調査対象は、学部2,300人、大学院2,000人の学生です。回答用紙はマークシートですが、この調査を実施した最初の年は思いがけないことが起き、大変な後処理に追われました。

　それは、業者に電算処理を依頼して戻ってきた結果、白紙回答がたくさんあったのです。用紙を回収した直後に点検して学籍番号などが書かれていない未使用の用紙は除去したつもりでした。にもかかわらず、処理後の結果をおさめたCSVファイルには学籍番号すら記録されていないものが多数あります。ざっと目を通しただけでは見逃したのでしょうか。

　幸いにも処理後のマークシートには通し番号が打たれていたので、4,000枚強のシートから、読み取りに失敗した回答用紙を出してきて調べました。原因は、ペンやマーカーで塗られたマークにありました。万年筆のような青いインクのものもあり、詳しく見ていくと、学部入学生にはそうしたものは少なく、多くは大学院入学生のものでした。

　入学ガイダンスに出席するのだから鉛筆やシャープペンシルくらいは持参するだろう、と当初は考えていましたが、その考えは間違いだったようです。この前提は、大学院の社会人や留学生の多い研究科ほど当てはまりませんでした。

　この反省をふまえ、翌年は、調査回答用品としてペグシル（ゴルフ鉛筆ともよばれているものです）を配付することにしました。ペグシルの配付にあたっても、このような使い捨て感の強い物品だとアンケートが軽々しいものに思われるのでやめるべきではないかなどの議論をしました。しかし配付を決行し、これによりペンでのマークは減少しました。それでも毎年10枚はボールペン塗りの回答用紙があり、目視による事前チェックを潜り抜けた数枚が、電算で空欄と処理されて戻ってきて私を落胆させています。配付したペグシルでマークシートを必ず塗ってもらえるような会場での完璧な案内方法の開発が待たれます。

　　　　　　　　　　　　　　　　　　　　　　　　　　　　（藤井）

このデータシステムによるデータ収集が軌道に乗った後は、ダッシュボードと呼ばれるデータ表示機能を備えたものへと拡張し、執行部などが必要に応じてデータを閲覧できるようになることが目指されています。

（藤井）

Q22　データ収集

インタビュー中に重大な事実が発覚した場合は、関連する部署に知らせるべきでしょうか。

A　研究者の倫理や各大学のコンプライアンスの観点から、調査で知り得た情報については守秘義務が第一とされます。そのため、得られた情報を利用するためには、どこで、誰に対して、どのように用いるかということを正しく説明し、調査対象者の了承を得る必要があります。これは、医療の場で用いられるインフォームド・コンセントの考え方と近いと言えます。一般的には調査内容の説明と併せて、事前に了承を得ることが多く行われています。そのため、セクシャル・ハラスメントやアカデミック・ハラスメント、試験におけるカンニングやレポートの剽窃などについて明らかにすることをインタビューの目的としているのであれば、匿名にして事実のみ関連部署に伝える可能性があることを、事前に対象者に了承してもらっておけばよいでしょう。

　ただし、インタビュー調査を行う場合、調査の実施者の予想外に重大な事実が明らかになることもあります。事前に関連部署に報告することの了承を得ていないこともあるでしょう。そのときは、調査の後からでも対象者に関連部署に伝えてもよいか確認をとりましょう。

　また、自他に危害を加える可能性があったり、生命の危険にかかわるような問題が発覚することもあるかもしれません。そうしたときには匿名ではなく個人名を明らかにした方がよいこともあります。インタビューの事前あるいは事後に本人の了承を得られていることが望ましいのですが、危険性や緊急性を考慮して報告するといったことも必要になってくるでしょう。

（川那部）

Q23 　　　　　　　　　　　　　　　　　　　　　　　　　　　　　分析前準備

アンケートを分析する前に何をすべきでしょうか。

A　アンケートを回収したら、分析にとりかかる前に、分析の前準備ともいうべき一定の作業をする必要があります。無効回答の除去と、入力ミスの修正で、これらをデータクリーニングと呼ぶこともあります。

　まず、アンケート用紙を回収した時点で枚数を数えて記録します。この数は、回収数として報告書に記載します。続いて、無効回答を除去します。無効回答の定義は調査によって異なりますが、一般的には、白紙回答やでたらめな回答などがこれにあたります。調査を計画する段階で、どのようなものを無効回答として取り扱うかを決定しておく必要があります。

　最近のアンケート調査では分析をコンピュータで行うことが増えたため、回収した用紙の回答内容を電子化することが多くなりました。印刷した調査票に回答が直接記入されている場合は、人の手によってこれらをコンピュータに入力して電子化します。入力を開始する前に、入力フォームを作り、入力ルールを決めます。入力フォームとは、具体的にはExcelファイルなどで、1行を1人分の回答とし、左側の列から問1の回答、隣の列に問2の回答、……と順番に入力していく欄のことです。入力ルールは、無回答や空欄を「0」とする、読み取れないものや不明なものは「9」とする、などの取り決めのことです。これらに従って回答を電子化しますが、人手による入力の場合はどうしてもミスが生じます。これを修正するためには、一枚の用紙を二人の人間がそれぞれ入力して内容を突き合わせる点検方法や、入力された値で度数分布表や散布図を作成してみて異常値がないかを点検する方法があります。たとえば、年齢を20歳とすべきところを誤って200歳と入力してしまった場合などは、度数分布表で容易に発見できます。

　マークシートによるアンケートの場合は専用の処理を行って電子化しますが、この場合も、マーク読み取りに失敗した用紙が出てくる可能性があります。処理後のファイルで度数分布表や散布図の作成、電算処理にかけた枚数と処理後の件数の一致確認などを行って、電子化のミスがあれば修正します。　　　　　（藤井）

Q24

分析前準備

すべての質問について同じ選択肢を選択している学生の結果をどう扱えばよいでしょうか。

A 調査結果を分析するために、アンケートの回答内容をコンピュータへ入力する際に起こる問題です。明らかにでたらめに回答したと判断できる場合は、この学生の回答は無効回答と判断し、用紙ごと取り除きます。

質問項目数が少ない場合は、熟考して回答した結果すべての質問に同じ選択肢を選ぶことになったということもありえない話ではありません。質問項目数、選択肢数ともに多いにもかかわらずすべての質問項目で同じ選択肢が選ばれている場合は、でたらめな回答である可能性が高いので、その回答は無効回答として除去したほうがよいでしょう。

反転した質問項目を入れる（ポジティブな内容ほど1番の選択肢を選ぶような質問文の中に、ネガティブな内容ほど1番を選ぶような質問文を混ぜる）、一部の質問文では複数の選択肢を選ばせるなど質問文に工夫をすることで、すべて同じ番号の選択肢を選んでいればでたらめな回答であると発見できる仕掛けを組み込むのも1つの手法です。

アンケートの設計段階で、このような無効回答を増やさない工夫も必要です。たとえば、アンケートに書かれた内容を理解できない留学生が調査対象に含まれているというケースであるならば、英語のアンケートを用意するか、インタビュー調査に切り替えるなど調査の方法を再考するのがよいでしょう。　　（藤井）

Q25　　　　　　　　　　　　　　　　　　　　　　　　分析前準備

名寄せという作業はどのようなものですか。

A　　名寄せとは、元々同じ名義の複数の預金口座を1つにまとめることを指しました。転じて、複数のファイルに含まれる人名や組織名などの名前のうち、同一人物・組織を指す内容のデータを各ファイルから取り出すことを指すようになりました。同姓同名や、組織名の誤記問題など、名寄せは一筋縄ではいかない作業として知られています。

　IRに関連して名寄せ作業が必要な主なものには、論文データベースにある著者の論文を特定することや、特許データベースにある教員の特許を特定することがあります。いずれも、学外のデータベースを利用する際に必要な作業です。

　論文データベースの場合、論文投稿時の著者名は正しくても、データベース入力時に誤入力される場合などがあり、正しい情報が登録されているとは限りません。英文の論文は著者名がアルファベット表記となり、個人特定の手がかりが減ります。また、論文誌の方針によりイニシャル（たとえばI. Suzuki）で表記され、フルネームが論文の脚注などにも含まれていないと、個人特定をさらに困難にします。商用の論文データベースでは著者特定のために、著者別IDを発行するところもありますが精度はまだ高くありません。

　大学名の英文表記は、昔の情報ほど、著者によって一定していないことが多く、同じ大学がさまざまに書かれています。東京大学は、The University of Tokyoが正式名ですが、Tokyo Universityと誤って書かれることがあります。静岡大学（Shizuoka University）と静岡県立大学（University of Shizuoka）が、英文表記で紛らわしいことも有名です。

　特許データベースの場合も、氏名および所属先の情報が重要な手がかりになります。大学によっては教員総覧とよばれる学内データベースを整備し、自大学教員の論文や特許を入力させることによって、以上のことを解決しているところもあります。教員本人がデータを入力するので間違いは少ないはずですが、常に最新の情報を入力してもらうようにすることが必要です。

　　　　　　　　　　　　　　　　　　　　　　　　　　　　　　　（藤井）

Q26 分析前準備

複数のデータベースから抽出したデータを結合させる場合にどのような工夫がありますか。

A IRの分析においては、複数のデータベースから抽出したデータを結合させる作業が必要になることがあります。たとえば、教務データに入っているシラバスの情報と、人事データに入っている常勤教員か非常勤教員かの情報を突き合わせたい場合には、2つのファイルを結合することが必要です。

複数のファイルを結合させる場合には、職員番号などの一意に決まるコードを媒介するのがよいでしょう。コードには、学籍番号、職員番号、部署コード、授業名コードなどがあります。ただし学籍番号には、入学年や学部学科に対応した値が含まれているものがあり、学籍番号さえわかればさらなる情報がわかることもあります。

冒頭に述べた例であれば、教務データに含まれる担当教員コードと、人事データの職員番号を媒介させるのがよいでしょう。

個別のソフトの話になりますが、Excelでは文字列の一致により値を取得する際に、VLOOKUP関数を使います。Accessで検索関数を用いる人もいるようです。Excel 2003までは約6万5千行までしか扱えない制限があったため、もとのCSVファイルから当該年度のものだけを抽出するなどの下準備が必要でした。この問題はExcel 2007以降のバージョンでは扱える行数が増えたことにより制限が少なくなりました。

(藤井)

Q27　分析

データを意味ある情報にするにはどのような作業が必要ですか。

A　IRではデータを意味ある情報へと変換することが求められます。その手段として、高度で複雑な分析方法もありますが、ここでは基本的な考え方と方法を紹介します。たとえば、ある大学の中途退学率が3％だった場合、その数値が適切な範囲内にあると言えるのか、それともそうでないのかは、3％という数値だけを見ていてもわからないでしょう。なぜわからないかというと、解釈するための基準がないからです。データを意味ある情報に転換するには、基準を探すという作業が基本的な方法の1つです。

基準の探し方には、さまざまな方法があります。まずは、時系列での分析です。以前のデータと比較して、現在のデータを評価するという方法です。中途退学率の場合、以前の数値よりも増加しているのであれば、何らかの問題が生じているのではないかと考え、要因を調べるきっかけを与えるでしょう。

次に、集団間のデータの比較です。中途退学率であれば、男女別、学部別、学年別、入試形態別などで比較すると、課題をより把握することができ、対応策の検討にも役立つでしょう。また、集団間の比較は学内だけにとどまりません。他大学や全国平均のデータとの比較は、自大学の特徴を明らかにしたり、学内で課題を共有したりする際に役立つでしょう。

さらに、法規や外部機関が定めている基準との比較です。たとえば授業時間外の学習時間については、大学設置基準で定められている学習時間に照らし合わせて比較することができます。

もう1つ大事な基準があります。それは大学自身が設定する基準です。大学として掲げた目標に達成しているかどうかでデータを分析するという方法です。大学が内的な基準を持つことが、大学の自律性を高め、大学としての個性を伸長するための条件ではないかと考えられます。

（中井）

Q28 　　　　　　　　　　　　　　　　　　　　　　　　　　　　分析

学内の既存データはどのように有効活用できるでしょうか。

A　学内にはさまざまなデータが存在しており、それらを有効活用することで多くの改善に役立つ情報を得ることができます。また、既存のデータを活用することは不必要な調査を減らすことにもつながるでしょう。

　学内の既存データを活用するためには、どのような情報が学内に存在しており、どのように管理・蓄積されているのかを把握する必要があります。たとえば学生に関する情報は、入試に関するもの、成績、出席状況、奨学金の取得状況、就職状況など多岐にわたります。そして、こうした情報は入試や教務といったそれぞれの担当部署に分散して存在していることが少なくありません。既存のデータを分析し改善につなげるためには、分散しているデータを統合し管理できるデータベースを構築することが必要です。その際に、同じ情報であっても部署によってデータの定義の仕方が異なる場合があります。データベースを構築する際にデータの定義の仕方も統一しておくとよいでしょう。

　データの統合ができれば問題関心に基づいて分析が可能になりますが、その際に重要なことはある情報を単体で分析するのではなく、他の情報と組み合わせて分析することです。たとえば、「各入試形態の割合」と「成績の分布」を別々に分析するのではなく、両者を組み合わせて入試形態別の成績の分布について分析を行えば入試政策を見直す情報になります。また、入試形態と中途退学率を組み合わせて分析すれば学生支援につながる情報が得られるでしょう。このように、分散している情報を組み合わせて分析することで多くの改善につながる示唆が得られます。

　また、こうした分析は新たな問題関心を掘り起こす契機にもなります。たとえば、入試形態とさまざまな情報を組み合わせて分析してみたところ、ある入試形態の学生の就職率が目立って高かったとします。もしこの結果が意外なものであれば、なぜこの入試形態の学生は就職率が高いのだろうという疑問を生じさせることになります。この疑問に基づき何が就職率を高めているのかを調査すること

で、就職率を改善する施策につなげることができるかもしれません。このように既存のデータを組み合わせて分析することで今まで見過ごしていた問題に気づくことが可能になり、そこから新たな改善へのヒントが得られる可能性があります。

(岡田)

Q29 分析

経年変化のデータは何年分必要でしょうか。

A 大学の活動を経年変化により表現する場合は、5年分の値を用いるのが1つの目安のようです。大学基準協会の大学基礎データでも、過去5年分の値を提出させるものが多くあります。一方で**国立大学法人評価**＊は6年を1サイクルとし、機関別**認証評価**＊も7年以内に一度というサイクルになっていることから、前回の評価時と比較することを考慮に入れると過去のデータは6または7年分保管しておくことが望ましいと言えます。

　過去の実績を把握し将来の予測をするために、数量変化を時系列で分析する場合に経年変化のデータを使用します。この際、図示すると値の変動を把握しやすくなります。時系列データは折れ線グラフを用いるのが適切で、横軸に時間（毎月や毎年など）、縦軸に分析したい値（志願倍率など）をプロットして、各点を直線で結びます。一定期間の値の変化を示した折れ線グラフが描くパターンとして次のものがあります。

- 上昇傾向
- 下降傾向
- カシオペア（繰り返し）
- プラトー（高止まり）

このうち、カシオペアは、入試志願倍率がこの形状を示すことが知られていて、前年の倍率が高かったら今年は受験生が敬遠し、その結果として今年の倍率が下がり、翌年は低倍率を見た受験生が志願するので倍率が上がる、ということが繰

り返されるためであるということが明らかになっています。

　経年変化の資料を作成すると、値が好ましい方向に変化していることを示す結果が得られた場合に強調した報告をしてしまいがちですが、増加や減少はいずれ頭打ちになり、次年度・次回の報告書作成時は好ましくない方向に転じて文章表現に気をつかうことになったりします。細かい変動は誤差ととらえ一喜一憂せず、それまでのパターンを踏襲しない変化（方向や変動幅）があった場合に、特に着目して原因を調査するようにしましょう。
（藤井）

Q30　分析

インタビュー調査で得られたデータをどのように分析すればよいでしょうか。

A　インタビュー調査から得られたデータを分析する方法はいくつかありますが、広く用いられている方法に KJ 法があります（川喜田、1967）。KJ 法の手続きは、次のようになります。用意するものは名刺大の付箋紙と、ペン、模造紙です。

　第一の作業は、一行見出しの作成です。一連の対象者の発話を単位化し圧縮していきます。まず、面接対象者の発話を1つのまとまりのある内容ごとに区切り、その内容を要約して一行見出しとして一枚一枚付箋紙に書いていきます。一行見出しとありますが、無理に一行に収める必要はありません。発話の内容が伝わるように要約しましょう。一般的に一時間程度のインタビューを行えば数十枚、多い場合には百数十枚の一行見出しが作成されるでしょう。

　第二の作業は、グループ編成です。作成された一行見出しを分類、統合していきます。まずは一行見出しが書かれた付箋紙を目の前に広げて、内容的に近い、関係が深いと感じるものをグループにしていきます。こうして小さなグループがいくつかできたら、それぞれのグループの内容を的確に表すグループ名（表札）を付けて新たな付箋紙に記入し、そのグループの上に乗せます。この作業が一通り終わったら、同じ要領で小さなグループ同士を編成しより大きなグループに統合していきます。こうした作業を繰り返すと最終的に5～10程度の大きなグル

コラム③

意外性のない分析結果の意味

　立命館大学では「学びの実態調査」と呼ばれる学生調査が実施されています。これまで私はIR担当者として、調査の設計、分析、結果の報告を行ってきました。「学びの実態調査」の特徴のひとつとして、学部ごとに異なる種類の調査を行っていることが挙げられます。たとえば、実施対象となる学年や実施の時期が異なっていたり、学部ごとに独自の調査項目が設けられています。これは、各学部が独自のカリキュラムをもち、異なる教学課題を抱えていたりすることを考慮してのことです（宮浦ら、2011）。

　結果の報告も、多くは学部ごとに行われます。学部によって分析内容や分析方法は少しずつ異なっていますが、基本的な分析の枠組みは共通しています。その中に、学生の授業への取り組み方、授業外での学習時間が学習成果にどの程度影響を与えているかといった分析があります。ほとんどの場合、しっかりと授業に取り組み、授業外でも十分な学習を行っている学生ほど、さまざまな点で高い成長を遂げていることが分析結果から出てきます。

　こうした、ある意味で当たり前の結果は蔑ろにされてしまい、意外性のある結果が強く求められることがしばしばあります。確かに、意外性のある結果の方が注目を集めやすく、何らかの取り組みを新たに進めていくきっかけになるだけの影響力をもつでしょう。その意味で、当たり前の結果というものは、新たな取り組みや教育改善という言葉と相性がよくない部分があるのかもしれません。

　しかしながら、こうした当たり前の結果は、提供しているカリキュラムにしっかりと応えている学生が、然るべき成長を遂げているということを意味しているとも解釈できます。そうなると、この結果は、大学や学部が提供しているカリキュラムの適切さを示す、非常に重要な根拠資料になってきます。

　大切なのは分析結果が直感に反するかどうかではなく、そこにどのような意味を見出すかです。そして、それに基づき、どこにどのような問題があるか、あるいは問題がないのかといったことを丁寧に検討することが、結果を解釈するということには必要なのだと思います。　　　　　　　　　（川那部）

ープができるでしょう。

　グループ編成時に注意することとしては、どのグループにも属さない付箋紙を無理にグループに含めようとしないということが挙げられます。この場合、どのグループにも属さないということに意味があると考えます。また、グループ編成をする時には、必ず小さなグループ編成から大きなグループの編成に進むという順序を守る必要があります。

　最後の作業は、図解化と文章化です。図解化ではそれぞれのグループを空間的に配置しその関係性について図解していきます。図解された全体の構造を文章にしていくのが文章化です。図解化ではまず、それぞれのグループに論理的な関係ができるよう空間的に配置していきます。この時、先ほどとは逆に、大きなグループ同士の配置を決めてから、大グループに含まれる小グループの配置を考えていきます。一通り空間配置ができたらそれらを論理的につなげて説明できるかを確認します。次に、この空間配置を模造紙などの大きな白紙に図解していきます。グループ名を○で囲みながら紙に写すとともに、それぞれのグループの関係性を矢印などの記号を使って示していきます。ここまで終わればあとは図解化されたものを文章にして終了です。なお、文章化の際には図解において隣接しているものの順に文章にしていくことがポイントです。　　　　　　　　　　　　　　　（岡田）

Q31　　　　　　　　　　　　　　　　　　　　　　　　　　　　　　分析

因子分析とはどのような分析でしょうか。

A　アンケート調査の分析結果などを見ると、しばしば因子分析という用語を見かけます。その意味するところをイメージしにくい用語ですが、どういった分析なのかを理解しておくだけでも、アンケート調査の実施や分析に役立ちます。

　因子分析の目的をひとことでいうと、「測定されたデータの背後に潜む、直接には測定できない潜在的な因子を抽出する」ということにあります。よく用いられる例を挙げて説明します。たとえば理系能力と文系能力を知りたいとします。

しかし、理系能力と文系能力を直接測定するようなテストがあるわけではありません。そこで、国語・数学・理科・社会の各科目のテストを実施し、国語と社会の点数から文系能力を、数学と理科の点数から理系能力を求めるということになります。因子分析の目的と対応させると、測定されたデータが国語・数学・理科・社会の点数で、それらの背後にある潜在的な因子が文系能力・理系能力ということになります。文系能力・理系能力がこのようにきれいに区分できるかどうかはさておき、因子分析ではこうした潜在的な因子を統計的に抽出しているわけです。

アンケートの質問項目を見ていて、似たような項目が含まれているなと感じることがあるかもしれませんが、因子分析はこのこととも関係しています。たとえば、第3部のサンプル調査票には「現状を分析し、問題点や課題を明らかにすること」「筋道を立てて論理的に問題を解決すること」といった項目がありますが、両者に似たような印象を受けるかもしれません。これらの項目は直接測定することが難しい潜在的な因子である「問題解決能力」を測定するためのものです。このように、潜在的な因子を測定するためには、その因子（たとえば問題解決能力）の内容の一部を表すようないくつかの項目を用いる必要があります。そして、こうした項目の背後には問題解決能力という共通する因子が存在することから、必然的に項目間には一定の類似性が生じることとなります。

このように、因子分析は潜在的な因子を捉えたい場合に用いられます。そのため、「学生の成長」といった抽象的な概念や、「〜に対する意識や態度」といった直接観察が難しいものを測定したい場合に重要な分析となります。　　　（岡田）

Q32　　　　　　　　　　　　　　　　　　　　　　　　　情報提供

執行部にデータの分析結果を報告する際にはどのような点に留意すればよいでしょうか。

A　執行部への分析結果の報告は、IRの実践において最も重要な局面の1つと言えます。ここでの報告の良し悪しが、データに基づく意思決定の成否に大きく影響するからです。執行部への分析結果の報告において重要にな

る点として、まずは報告の迅速さが挙げられるでしょう。執行部から疑問や質問が出された際には、その答えとなりうるデータを入手して分析し、報告書を作成する必要があります。利用可能なデータが存在しない場合であれば、新たな調査の提案および実施が求められます。

　また、資料のわかりやすさも重要です。執行部からの要望に適切に答えられる分析を行っていたとしても、それをまとめた報告書がわかりにくいものでは意味がありません。そのため、執行部への報告書は、できるだけ簡潔に内容を整理し、要点が一目でわかるようにしておく必要があります。箇条書きやモデル図、グラフや表などの効果的な利用が肝要です。とは言え、詳細な分析結果が必要になることもあるので、全体像の要約を示す概要と詳細な結果を示す文書の2種類を、報告書として提出する方がよいでしょう。

　執行部への報告は、IR担当者が意思決定を行う執行部と対話をする貴重な機会になります。単にIR担当者が分析結果を報告するだけの一方向的な場になってしまっては「対話」とは言えません。執行部がどのような問題に関心をもっているのか、どのような将来像を見据えているのか、といった情報を引き出し、それに関するデータを媒介して問題意識を共有することが、意思決定に資するIR活動を進めていく上で重要になってくると考えられます。

(川那部)

Q33　　　　　　　　　　　　　　　　　　　　　　　　　　情報提供

分析結果を報告する際には解釈も加えたほうがよいのでしょうか。

A　IR担当者は学内のさまざまな部署に関わる情報収集や分析を担当します。そのため、その部署の状況をあまり知らない中で調査結果をフィードバックしなければならない局面も少なくありません。結果の報告や解釈に関しては以下の2つの点に留意することが重要になります。

　1つは、なるべく解釈を加えず中立的な視点から調査結果を報告するということです。多くの場合、調査結果にはポジティブな結果とともにネガティブな結果も含まれますが、どちらかに偏ることなくデータに基づきながら説明することが

重要です。ネガティブな結果を伝えると部署との関係が悪化するのではないかという心配もあるかもしれませんが、恣意的なフィードバックをしないことの方が部署とIR担当者との信頼構築につながるでしょう。

　もう1つは、部署の関係者と一緒にデータを解釈し意味づけていくということです。内情がわからないIR担当者にはなぜそのような結果が得られたのかが理解できなくても、部署の関係者から見れば納得のいく結果だということがあります。逆に、部署の関係者にとっては意外な結果が示されることもあります。こうした場合には、部署の関係者とIR担当者とが話し合いを重ねながら結果を意味づけていくという作業が必要になります。

　意味づけのなされていないデータはただの数値でしかなく、行動につながる動機にはなりません。結果を報告してもそのまま活用されないということになってしまいます。調査結果を調査主体の文脈の中に位置づけるという作業を通して初めて当事者にとって意味のあるデータとなり、そのことが具体的な行動へとつながります。

(岡田)

Q34　　　　　　　　　　　　　　　　　　　　情報提供

調査結果を大学全体に報告したいのですが、どのような方法がありますか。

A　調査結果の大学全体への報告方法としては、大学のウェブサイトや掲示板、ニュースレターなどへの掲載、報告をまとめた冊子やパンフレットなどの発行と配付などが挙げられます。いずれの場合でも、どのように広報を行うか、冊子やパンフレットであればどのように配付するかについても同時に考えておく必要があります。たとえば、学生に対する広報や配付であれば、授業時や成績返却時、履修登録時などが利用できますし、教職員であれば、各部署への配付が考えられます。また、冊子やパンフレットの配付以外にも、メールマガジンの利用や大学のウェブサイト上に公開する方法もあるでしょう。この時に注意すべき点は、個人情報の保護と調査結果の公開範囲です。当然のことながら、報告する資料の中に個人が特定できるような情報を掲載すべきではありません。

また、個人が特定できない形であっても、収集したデータの公開が、調査対象者や彼らが所属する部署によって認められていないのであれば、調査結果を公開することはできません。学内には公開してもよいが学外には公開できないという場合であれば、大学ウェブサイトに掲載された調査結果を見る際にIDやパスワードが求められる状態にしておく必要があるでしょう。その他に注意すべき点として、調査結果の読み手の多様性があります。大学全体が報告の対象になるということは、誰にでも理解できる表現をしなければならないということです。あまりに専門的な表現や分析に関する情報は、意味をなさなくなるだけでなく、かえって調査結果に対する理解を妨げることになるかもしれません。大学全体への報告は、どこまで情報を公開してよいのか、誰が読み手になるのか、といった点を考慮して行う必要があるでしょう。 (川那部)

Q35　　　　　　　　　　　　　　　　　　　　　　　　　情報提供

情報をわかりやすく伝えるにはどのようにしたらよいでしょうか。

A　情報を提供する際には、情報の利用者のニーズを把握することが求められます。たとえば、学生数を伝える際に、男子学生7,069人、女子学生2,987人と正確な数値を伝えなければならない場合もあれば、男子学生7千人、女子学生3千人と単純化して伝えた方がよい場合もあります。

　九州大学が2012年に作成した『もし九大生が100人だったら』という冊子は、情報を単純化してわかりやすく提供している優れた事例だと言えます。タイトルからわかるように、九州大学の学部生が100人だったらという仮定で、九州地域出身者数、留学生数、大学院進学者数などから、第一志望で入学した学生数、月1冊以上本を読んでいる人数、喫煙者数、体調不良を感じている人数などまで、イラストを用いて効果的に提示しています。

　学生の進路に関しては、「卒業生の中で、54人が大学院に進学します。37人が就職、残りの9人は資格試験などに取り組んでいます」と紹介し、過去のデータとも比較することができます。一見すると大雑把な情報提供に見えますが、個々

の正確な実数を伝えるよりも読み手にとって全体像を把握させる効果があると言えます。個々の教職員が学生の進路を把握しておくという目的であれば適切な精度であると言えるでしょう。

　情報を単純化したほうが、内容を広く効果的に伝えることができます。九州大学が着想を得た『世界がもし100人の村だったら』は、メールを通して世界中に内容が流布しました。情報提供では、単純化して伝わりやすくなる効果と単純化によって誤解される可能性とを天秤にかける必要があります。正確さを追求するあまり、効果的に伝わらないおそれがあるなら、思い切って単純化を選ぶという方法も検討すべきでしょう。

　　　　　　　　　　　　　　　　　　　　　　　　　　　　　　　（中井）

Q36　　　　　　　　　　　　　　　　　　　　　　　　　学生の受け入れ

入学者数の予測はどのような視点から行うべきでしょうか。

A　入学者数の予測に関しては次の2つの視点を考慮することが重要です。1つは、今後の大学の入学者数がどのように推移していくのかというもので、もう1つは合格者数のうちどの程度の人数が入学するのかというものです。

　まず前者についてですが、今後の18歳人口の予測をみると、2010年代は120万人前後で推移しますが、それ以降は徐々に減少し、2030年には101万人、2050年には73万人にまで減少すると予想されています（国立社会保障・人口問題研究所2012年1月推計中位推計）。一方四年制大学進学率は、1990年には25％程度であったのが2009年には50％を超えるなど以前に比べ上昇していますが、50％を超えてからは今のところ大きな上昇はみられていません。今後も18歳人口の急激な減少を上回るペースで進学率が上昇するとは考えにくく、長期的な入学者数は減少していく可能性が高いでしょう。ただし、こうした傾向は全体的なものであり、個々の大学によって入学者数の推移には違いがあります。

　入学者数の増減は特に私立大学において財務状況に直結しますが、両角（2012）は大学の規模や立地、大学設置年などの要因が財務状況と関係していることを示しており、入学者数もこうした要因によって影響を受けるものと考えられます。

現在では情報公開により各大学の入学者数などを知ることができるので、自大学と条件の近い大学の入学者数の推移を把握しその増減の傾向を知ることは、自大学の入学者数の予測にも役立つと言えます。そして、もし条件の近い大学と自大学の入学者数の推移に違いがみられたのであれば、そこには改善のヒントがあるかもしれません。

次に、合格者数のどの程度が入学するかという問題ですが、これは合格ラインを決定する際に入試担当者の頭を悩ませる問題でしょう。合格者数の歩留まり率に関する予測方法としては、まず過去の歩留まり率に基づき入学者数を予測するという方法を思いつきますが、歩留まり率は年度によって少なからず変動することが指摘されています。こうした方法とは別に、入試得点に注目して入学者数の予測を試みた研究がいくつかなされています。この予測方法は、入試得点の高い者ほど入学を辞退する率が高く、得点の低い者ほど入学する確率が高いという現象に注目した方法で、概ね入学者数をうまく予測できることが報告されています。たとえば菅田（2012）ではExcelでの計算手順も示されており、入学者数の予測の手助けになるでしょう。

(岡田)

Q37　学生の受け入れ

自大学の学生の特徴を把握するにはどのような方法がありますか。

A　自大学の学生の特徴を知るためには、自大学を相対化するための比較対象が必要です。学風といった言葉もありますが、そのような感覚的なものではなく、根拠に基づきながら学生の特徴を捉えることが重要です。そのための方法としてはまず、自大学と比較したい大学のウェブサイトや印刷物などからその大学の学生に関する情報を集めるということが考えられます。たとえば、大学のパンフレットから学生生活や学習の状況に関する情報がわかれば、自大学の学生との違いが見えてくるでしょう。ただ、この方法はコストはわずかですが、必ずしも比較したい情報が得られるとは限りません。

そこで、もう少し詳細に学生の特徴を把握したい場合には、全国的に実施され

コラム④

映画『マネーボール』

　2011年に公開されたブラッド・ピット主演の『マネーボール』という映画をご存知でしょうか。メジャーリーグの貧乏球団であるオークランド・アスレチックスが、データを重視したチーム編成や采配を行うことで、プレーオフ常連の強豪チームを作り上げていったという事実に基づく映画です。この映画では、野球界でデータに基づく意思決定がどのように受け入れられたのかがよくわかります。

　当時のメジャーリーグは、豊かな資金力をもつチームとそうでないチームの格差が広がり、優れた選手は豊かな資金力をもつチームへ引き抜かれる状況が続いていました。そのような状況で、資金力の少ないアスレチックスのゼネラルマネージャーは、メジャーリーグで勝つためにデータを重視した運営を取り入れました。選手の獲得と放出、選手の配置、実際の戦術などにおいて重視するのは、客観的なデータによる分析結果です。一例をあげると、打者を評価する際には、打率よりも四死球も含めた出塁率の方を重視します。なぜならチームの得点とより相関の高いのは出塁率だからです。野球界では伝統的に打率が重視されているため、打率の高い選手の年俸は高額になります。一方、打率が高くなくても出塁率の高い選手もいます。そのような選手の年俸は必ずしも高額ではないため、少ない資金で獲得することができます。このように他チームから過小評価されている埋もれた戦力を発掘し、低予算でチームを改革しようと試みました。

　従来の野球界の常識とは異なるこのような手法は軋轢も生みます。「野球の長い伝統をバカにしている」。これは、選手の獲得を検討する会議において、伝統的価値観をもつスカウト陣が、ゼネラルマネージャーに向けて発した言葉です。客観的データで示しても、現場で合意形成を図るのは容易ではありません。

　この映画は、データによる意思決定の有効性とともに伝統的価値観との葛藤が具体的に描かれています。業界は異なりますが、データによる意思決定を推進する大学のIR担当者にとって、この映画は共感とともにさまざまな示唆を与えてくれるでしょう。

(中井)

ている調査と同様の調査を実施し、全国の学生の傾向と自大学の違いを比較するという方法が考えられます。たとえば、東京大学大学経営・政策研究センターの「全国大学生調査」やベネッセ教育研究開発センターの「大学生の学習や生活の実態に関する調査」では、調査結果とともに調査に用いられた調査票も公開されています。こうした調査票を基に調査をすることで、自大学の特徴を把握することが可能になるでしょう。

　この他、場合によっては大学で独自の調査を行うことも重要になります。上述のような全国調査には、さまざまな大学の学生が共通して回答できる、あらかじめ設定された項目からしか学生の特徴を捉えることができないという問題もあります。そのため、大学の教育理念など自大学に固有の観点から学生の特徴を把握したい場合などには、独自の調査を行うことが必要でしょう。独自の調査を実施する際には、もちろん教職員の側で質問項目を考えるという方法もありますが、自大学の学生に事前にヒアリングなどを行いそこから質問項目を作成すると、より現実に即した学生の実態や特徴をつかむことができるでしょう。　　　　（岡田）

Q38　学生の受け入れ

大学入学以前の学習経験のばらつきを把握するにはどうすればよいでしょうか。

A　大学教育現場では学生の学力のばらつきが問題視されることが少なくありません。しかも、こうしたばらつきは近年になって大きくなっていると言われています。この背景には、高等教育や大学入試の多様化によって高校生が学習する科目にばらつきが生じていることや、いわゆる受験勉強を経験せずに推薦入試やAO入試で入学してくる学生が増えていることがあると言えます。

　こうした学習経験に関する多様な背景を持つ学生に対し、多くの大学は高大接続をスムーズにするための**初年次教育***を導入したり、不足している学力を補うための**リメディアル教育***を実施したりしています。これらの取り組みを効果的なものにするためには、入学前の学習経験のばらつきを把握し、それに応じた教育内容を考えていくことが重要になると言えます。入学試験の結果や入学時の書

類からも高校時代の学習状況はある程度把握できますが、それで足りない場合には個々の大学の課題にあわせてテストや調査を実施する必要があるでしょう。

　大学入学前の学習経験を知る方法としてはまず、入学後に学力テストを実施するという方法が考えられます。たとえば、語学教育では入学時に**プレースメント・テスト***を行い、その成績に基づきクラス別の教育を実施している大学も少なくありません。また、数学や物理などの理系基礎科目ではリメディアル教育と連動させながら実施される場合もあります。学生への負荷はかかりますが、大学が重視する領域について学力テストを行うことにより、学生の学力を客観的に知ることができます。そしてそこで得たデータは、初年次教育やリメディアル教育の効果を検証する際にも重要な判断材料になるでしょう。また、入学時にアンケートで学習経験を尋ねるという方法もあります。その際には、単に高校時代にどのような科目を学習したのかといった事実について尋ねるだけでなく、どの程度理解できていたのかといった定着度についても尋ねるとより深い分析が可能になるでしょう。さらに、大学での成績には高校時代の学習態度が少なからず影響しているという指摘もあり、こうした情報も得ておくと初年次教育などの教育方法を見直す判断材料になると考えられます。新入生を対象としたアンケートを実施しているのであればその中に含めるなどするとよいでしょう。　　　　　　　　　　（岡田）

Q39　学生の受け入れ

入試形態によって学習状況はどのように異なるのでしょうか。

A　主な入試形態には一般入試、推薦入試、AO入試があります。もちろん、入試形態は多様化しており、大学によってはさらに細かく区分することも可能です。こうした入試形態によって学生の学習状況がどのように異なるのかについては大学関係者の関心も高く、これまでにも研究がなされてきました。入試形態別の学習状況を把握する際の重要な指標に、大学での学業成績があります。実際、この問題については多くの研究がなされています。ただし、入試形態と学業成績の関係については一貫した結論は得られていません。AOや推薦入試

の学生の成績が一般入試の学生に比べ低いという報告（西丸、2010；岡田・鳥居、2011）もあれば、成績に違いはない、あるいはむしろ成績がよいという報告（大作、2008；倉元・大津、2011）もあります。こうした違いが生じる背景には、大学・学部の入学難易度の違いや、大学による AO や推薦入試の内実の違いなどがあると考えられます。

　そのため、まずは自大学の入試形態と学業成績の関係について分析してみるとよいでしょう。その際には、入試形態による男女の比率を考慮することが重要です。いくつかの研究で AO や推薦入試では女子の比率が高いことが報告されており（西丸、2010；竹山ら、2011）、女子は男子に比べ勤勉で成績が高い傾向にあることから（西丸、2010；岡田・鳥居、2011）、入試形態の違いではなく性別の違いが成績の違いとして出てくることがあります。そのため、入試形態によって男女比に偏りがある場合には、入試形態別とともに男女別に分析を行う必要があるでしょう。

　また、学習状況を学業成績だけでなく多面的に捉えていくことも重要です。たとえば、大学によっては AO 入試入学者には、目標意識や進路への意識の高さといった強みがあるという報告もあります（宮下、2003；大久保ら、2011）。このことをふまえると、入試形態によって学生の特性やそれに起因する学びのあり方は異なると言え、成績だけでは捉えきれない彼らの強みを把握するためにも複数の指標から入試形態別の学習状況を測定していく必要があるでしょう。　　（岡田）

Q40　学生の受け入れ

大学の学生募集戦略を策定するにはどのようなデータを集めればよいでしょうか。

A　学生の募集を戦略的に考えるためには、入試に相当する入口の部分だけに注目していては不十分でしょう。これまでにどのような生徒が入学し（プレ）、入学した学生がどのような成長を遂げ（プロセス）、社会に輩出されていったのか（出口）、さらにはその後の中長期的な教育成果（ポスト）も視野に入れて分析し、その結果を新たな戦略の策定に反映させる必要があるからです。

コラム⑤

入試政策から考える学生データ

　毎年、入試シーズンになると大学の出願状況にかかわるデータが速報で出されます。とくに競合大学の志願者数の増減は、自大学の学生獲得戦略の観点からも目が離せない情報の1つだと言えるでしょう。

　そもそも、大学側からみた大学入試の機能にはどのようなものがあるのでしょうか。主なものとして、多数の進学希望者から入学者を絞り込む「量的な絞り込み機能（選抜）」と、その大学への進学適性を測る「アセスメント機能」とがあります。かつて、大学入試の受験人口が多く、入試そのものの選抜性が高かった時代には、入学試験に公平性や透明性が求められていました。とくに、標準的な学習指導要領が後期中等教育段階までに広く行き渡っている日本では、高等学校での学習到達度に基づいた選抜は公平性が高いとされていました。

　しかしながら、高等学校の学習課程が多様化され、さらに18歳人口の減少による大学入試の易化が進んだことによって、大学卒業後に高い学習成果や研究成果をあげえるような潜在能力の高い受験生を選抜することがより求められるようになっています。つまり、これまでの学習到達度に基づく選抜は必ずしも合理性を持たなくなったのだとも言えます。

　これらのことから、学士課程のプレ、プロセス、ポストを通じてデータを収集・分析する必要性と重要性は大きいと言えます。逆に、これらのデータを受験生・保護者・高校の進路指導教員などに示すことによって、その大学が学士課程を通じて学生に提供しえる付加価値を積極的に伝えることができ、より有効な学生獲得戦略の実行につなげることも可能になります。

　ただし、どのような受験生が大学進学に適しているのかについては、どの大学も十分な答えを出せていないというのが実状でしょう。いずれにせよ入試政策の問題については、個々の大学がいかにディプロマ・ポリシー、カリキュラム・ポリシー、アドミッション・ポリシーを適切に設定していくかという課題と密接に結びついていると言えます。

　　　　　　　　　　　　　　　　　　　　　　　　　　　　　　（鳥居）

具体的には、プレに相当するデータとして、学生の出身国、出身地域、出身高校、高校ランク、高校の教育課程、高校での成績（評定平均値など）、部活動などの課外活動状況、家庭の経済状況などの、知識・能力や環境に関するものがあります。さらに、彼らの進学意欲や専門分野への興味などのデータも重要でしょう。たとえば、自大学への接触時期や頻度（大学に資料を請求したり、オープンキャンパスなどに参加したりした学年、時期、回数など）、自大学への志望順位、高大連携プログラムなどの受講状況などが相当します。プレ段階においても、できる限り高等学校3年間の経年データを収集する必要があるでしょう。

　入口部分には、入試区分、入試時の得点などのデータがあります。プロセスに関しては、各セメスターおよび各学年の**GPA***、同じく修得単位数、各種試験の得点、TOEICなどの得点、その他の学習成果測定に基づく情報（正課、課外）、奨学金の受給状況、アルバイト状況などのデータがあります。出口の部分に関しては、最終的なGPAおよび修得単位数、進路決定状況、進路に対する満足度、大学での学びに対する満足度などがあります。さらに、ポストの部分については、主に就職・進学などのキャリアに関するデータや情報が中心になりますが、アメリカの大学では卒業生の所得や職場での地位、母校に対する寄付金額などのデータを収集しているところもあります。

　以上のように、学生募集戦略の策定に際しては、どのような生徒がいかなる大学での経験を通じてどのように付加価値を身につけて社会に貢献しているのかを、実態に即して明らかにした上で、当該大学がどのような学生を集めたいのか、より明確な対象を定めることが前提となります。これに連動して、入試区分の見直しなどの入試政策や、プロセスとしての教育課程、学生支援としての奨学金政策の再検討も議論の俎上にのぼるでしょう。

（鳥居）

Q41　学生の受け入れ

学生数を数えるためのフルタイム換算とはどのようなものですか。

A　世界大学ランキング*や経済協力開発機構（OECD）の統計調査など、海外からの調査に対応する時、「フルタイム換算（full time equivalent, FTE）」という用語がよく出てきます。海外ではフルタイム学生のほかにパートタイム学生がおり、アメリカではフルタイム学生より少ない単位を受講上限とする条件でパートタイム学生が大学に在籍しています。こうした国では大学の在籍学生数を数えるために、パートタイム学生何人をフルタイム学生1人と換算するかを定めています。換算率は国や地域によって異なります。これは教育活動をより実態に近い形で調査するための方法であり、学生1人あたり教員数を求める際にも使われます。

　日本では在籍学生の多くはフルタイム学生ですので、在籍学生数とフルタイム学生数はほぼ同じとしてよいでしょう。『教育指標の国際比較』では、通信制・放送大学の在学者および大学・短期大学の聴講生などをパートタイム学生としてフルタイム換算した学生数が、日本のフルタイム学生として加算されています（文部科学省、2008）。近年では、社会人受入れの推進のための具体的な方策として、各大学で長期履修学生制度が導入されているので、今後、フルタイム換算という考え方が日本の大学でも必要になっていくでしょう。

　なお、フルタイム換算は教員・研究者についても行われます。勤務時間中に研究に割り当てた時間を算出する際に使用します。これもOECD調査に回答した際のものですが、文部科学省がまとめた報告書の定義が参考になります（文部科学省、2009a）。報告書では教員の職務時間を、研究活動、社会サービス活動、教育活動、その他の職務活動（学内事務）などに分け、勤務時間中に占める研究活動従事時間の割合から算出したフルタイム換算率の決定の経緯が説明されています。これも、より実態に近い形で研究活動を調査するための方法です。　　　　（藤井）

Q42 教育の内容と方法

履修情報や成績情報などの既存データからどのようなことがわかりますか。

A 学生の履修情報や成績情報は、教育・学生支援に関するIRを進める上で極めて重要な資源であると言えます。これらは通常、当該部署で職員が管理している教務システムの中に蓄積されています。しかし、こうしたデータは卒業判定の際の確認事項として利用したり、中途退学者が出た際に遡及して当該学生の状況を調べたりといった形で一定活用されているものの、積極的・日常的にこれらのデータを分析し、教育改革・改善に活用するといったケースはあまり多くはみられません。

たとえば、学生の履修情報や成績情報は、学生の学習成果はもちろん、学習意欲や進学上の諸問題を発見する上で最も有効な指標です。著しく修得単位数が減少したり、成績が悪化したりしていると何らかの問題を抱えている可能性があります。学習へのモチベーションが下がっている場合、それは学習者本人の問題であることもあれば、教育面（教育システムや教員による授業）に関わる問題であることもあります。特定の学年や時期にこうした学生が集中しているようであれば、そこが改革・改善の方策を考えるべきポイントになります。組織的なFD*と連動することも必要かもしれません。また、多くの科目登録申請をしているにもかかわらず適切に単位を修得していなかったり、「可」ばかりだったとすると、**キャップ制***や履修モデル（該当科目を後年次に移動するなど）を見直すことも考えられます。教員について言えば、成績評価の実態やばらつきを把握することができます。たとえば、共通教育などで同一科目を複数担当教員で行う場合に、特定の教員だけが非常に厳しい評価を付与している（あるいはその逆）際には、何らかの是正（介入）が必要になることもあります。

最近では、特に新入生の適応をサポートすることを目的として、初年次科目といった必修科目での出席状況を管理し、数回連続して休むと事務局や担当教員から連絡を入れるといった取り組みも行われています。精神的な問題が考えられる場合は、速やかに保健管理センターなどと連携して対応したり、保護者と連絡を

取り合うことも必要になったりすることがあります。こうした学生を放置していると、不登校や中途退学へとつながり、経営にも影響を与えることになります。高校までのように「教室」という概念がないため、学生がきちんと大学に通い、授業を受け、適切に学んでいるかを「目」で確認するすべがほとんどありません。それゆえ、履修情報や成績情報はこうした問題を発見し、回避する方法を検討するために重要な指標ということになります。

(山田)

Q43　教育の内容と方法

GPAのデータを教育改善に活用する具体例を紹介してください。

A　GPA*制度を導入する大学は増加しています。GPA制度はデータの活用を前提としています。たとえば、奨学金などの対象者の選定や学生に対する個別指導においてGPAのデータを活用している大学は多く見られます（文部科学省、2010）。また、早期卒業や大学院への早期入学の基準、大学院入試の選抜基準、退学勧告の基準、進級や卒業判定の基準としても活用されています。

学生を選定する基準や個人指導のための情報以外にも、GPAのデータはIRの活動において活用されています。GPAのデータを使って、学生の学習実態を把握することで大学の課題を明確にできます。京都光華女子大学では、学科別に学生のGPAの変化を分析しています（阿部、2013）。1年前期から1年後期にかけてGPAが低下することを明らかにし、1年後期のカリキュラムや学習支援に課題があることを示しています。

GPAに影響を与える要因に着目した分析によって大学の課題を明確にする例も見られます。東京理科大学では、入学試験の成績と卒業時のGPAには有意な相関が見られないのに対して、1年終了時と卒業時のGPAに強い正の相関があることを示しており、**初年次教育*** の重要性を確認しています（浜田、2012）。また、日本福祉大学では、学生のゼミへの所属がGPAにどのような影響を与えているのかを分析しています（齋藤・大崎、2012）。ゼミに所属している学生の方が、GPAが高いことを明らかにし、学生がゼミに所属することの意義が確認されて

います。

　カリキュラム改革につながる事例も見られます。大阪府立大学では、1年前期のGPAと3年前期までの累積GPAを散布図で示し、それらには強い相関があることを明らかにしています（高橋、2013）。この結果をもとに、初年次における主体的な学習態度の形成が重要であるという認識が共有され、初年次ゼミナールが開設されました。

（中井）

Q44　教育の内容と方法

授業の中で学生の学習成果に影響を与える要素はどのようなものでしょうか。

A　これまで、学生の学習成果に影響を与える要素を明らかにした研究は多々あります。フェルドマンは、学生の学習成果に影響を与える要素を、30以上にわたる実証研究で得られた相関係数の平均値の大きさから明らかにしました（Feldman, 1997）。28項目中の上位14項目を示したものが表1です。右側の数値は相互の関係の強さを表す相関係数を表し、その数値が高いほど学習成果に影響を及ぼす可能性が高いと言えます。

　この研究成果から読み取れることはいくつかあります。たとえば、「教員の準備と授業の設計」や「説明の明確さと理解しやすさ」が学習成果に大きく影響を及ぼすことがわかります。また、シラバスを充実させることで、「授業目標に沿った授業」、「期待される学習成果の明確さ」、「授業目標と履修要件の明確さ」、「評価における教員の公正さ」などを高められるのであれば、学習成果の向上が期待できるでしょう。一方で、「教員の熱意」はそれほど学習成果に影響を与えるわけではありません。しかし、「教員の熱意」に関する結果は、授業で学生が感じる限りでの教員の熱意であり、実際に教員が注いでいる熱意とは異なるものだという点には注意した方がよいでしょう。

　この先行研究は、アメリカの大学の一般的な傾向を示しているにすぎません。しかし、各大学で何が学生の学習成果に影響を与えるのかを調査したり、授業改善の指針を考えたりする際に役立つでしょう。

（中井）

表1　学習成果に影響を与える要素

	相関係数
教員の準備と授業の設計	.57
説明の明確さと理解しやすさ	.56
授業目標に沿った授業	.49
期待される学習成果の明確さ	.46
教員による知的な刺激	.38
高い学習水準への動機づけ	.38
質問の促進と他の意見への寛大さ	.36
教員の会いやすさと親切さ	.36
教員の話し方	.35
授業目標と履修要件の明確さ	.35
内容に関する教員の知識	.34
クラスの水準や進捗への理解	.30
教員の熱意	.27
評価における教員の公正さ	.26

Q45　教育の内容と方法

授業評価アンケートにはどのような質問項目を入れればよいでしょうか。

A　学生による授業評価アンケートは、依然として教育改善・FD*の主要活動としてすべての大学で取り組まれています。そうした中、どのような質問項目を設ければよいのかといった相談をよく受けます。授業評価の要因に関する研究は海外でも古くから行われており、さまざまな授業評価研究をもとに、表2の9つの観点が導き出されています（Marsh, 1983）。

また、日本における授業評価の観点としては、①教員の熱意、②内容の充実、③方法の工夫、④提示方法、⑤教員との交流、⑥学生の交流、⑦意欲増大、⑧知識の獲得、⑨技術技能の獲得の9つが挙げられています（浅野、2002）。

両者から、授業評価アンケートの観点として共通する重要なものに、内容の充実はもちろん、体系性や学生同士の交流、教員の熱意といったものが挙げられます。

表2　授業評価アンケートの質問項目の観点

観点	具体例
受講価値	刺激的で興味を増すような授業か
教員の熱意	教員が熱意を持って授業に取り組んでいるか
体系化	教材を準備し体系立てて明瞭に説明しているか
グループ交流	教員と学生の間あるいは学生間で双方向性のある授業が行われているか
個人的な信頼関係	個々の学生に対して気配りが行われているか
授業内容の奥深さ	授業のトピックスに関してその背景やさまざまな視点を与えているか
成績評価	公正な評価を行っているか
課題	適切な課題を与えているか
授業の負担と難しさ	授業内容の難しさや進むスピードは適切か

　実態としてはどうなっているでしょうか。文部科学省では毎年「大学における教育内容等の改革状況について」としてすべての高等教育機関を対象に調査を行い、結果を公表しています。それによると、上位5つは、①授業のわかりやすさ（716校）、②担当者の熱意・意欲（653）、③授業に対する興味・関心（642）、④担当者の話し方、声のボリューム（631）、⑤授業中の態度（意欲など）（621）となっています（2009年度結果）。

　これらに加えて、従来は、教員の狭義の教授技術に関する質問と総合満足度が大半であったのに対し、近年では、教員の熱意や改善努力といった教員に関する質問と、享受した学習環境（双方向性など）や学習への関与（出席や授業時間外学習、参加態度など）、学習成果といった学生自身に関する質問が重視されるようになってきています。

（山田）

Q46 教育の内容と方法

アクティブ・ラーニングの実施状況とその効果を把握するにはどのようにすればよいでしょうか。

A　アクティブ・ラーニング*とは、学習者の能動的な学習への参加を取り入れた教授・学習法の総称であり、かなり広い概念で捉えられています。たとえば、溝上（2007）はアクティブ・ラーニングを「講義型授業」と「演習型授業」の2つに大別し、さらに後者は「課題探求型（アウトプット型学習）」と「課題解決型（アウトカム型学習）」に分けられるとしています。実際には、講義の中にも演習が埋め込まれていたりするので、実態の把握は容易ではありません。一例として、各教員が授業シラバスを記載する（あるいはウェブで入力する）際に、どのような教育技法を用いているのかをチェックすることで、IR担当者は全体の状況を把握することができます。

アクティブ・ラーニングは学生の学びの質を高めるために導入するものなので、学生がどのような教育・学習環境（教育形態・技法を含む）によってどのような学習成果を得たのかを調べることで、効果の検証が可能になります。その方法として、学生調査は有効な手段の1つです。アクティブ・ラーニングの効果に関する知見は全国規模の調査からも多数報告されています（たとえば、ベネッセの全国学生調査など）。そうした大規模調査の結果も積極活用することで学内での過重調査を避けることもできます。質的な学習過程を継続的に捉えることのできる**学習ポートフォリオ***のデータと関連づけることで、より多角的に実態把握と効果検証に役立てることができます。また、アクティブ・ラーニングは筆記試験では測りにくい態度や技能といった側面を捉えることができるので、評価を行う上で**ルーブリック***の利用が大きな可能性を秘めています。**サービス・ラーニング***のように地域と関わることが授業デザインに含まれている場合は、相手先に学生の評価をしてもらうことも有効かと思われます。

（山田）

Q47 教育の内容と方法

学習時間の確保のためにはどのような方法がありますか。

A まずは自大学における現状を組織的に把握することが重要です。その実態をふまえつつ、組織的なアプローチによって問題解決に臨む必要があります。2012年に提起された中央教育審議会答申「新たな未来を築くための大学教育の質的転換に向けて」では、単位制度の実質化と絡めて学習時間（事前準備・授業受講・事後展開の三点セット）の確保（増加）を強調しています。

これを受けて各教員が担当しているそれぞれの授業で一気に課題を増やすとどうなるでしょうか。間違いなく学生は対応しきれないでしょう。その理由の1つは学期内での履修科目が多すぎるからです。単位修得の上限を設定する**キャップ制***を導入しているところも多くあります。キャップ制は、過剰な履修を抑え、授業時間外学習を確保できると期待されるものですが、依然として学生の学習時間は少ないことが各種データからも指摘されています。そこで、同答申では大学に期待する取り組みとして以下のような例を挙げています。

- 細分化された2単位科目（週1回開講）を多数履修する在り方を見直し、3単位又は4単位科目（間に休憩を入れた2コマ続きの授業または週複数回開講する授業）を標準形態とする。
- 科目登録などに際し、各学生の実情に応じて登録の適否などに関する履修指導を積極的に行う。それらの種々の取り組みと併せて、キャップ制の導入や受講科目数に対応した柔軟な授業料システムについて検討する。

つまり、この問題は個々の授業レベルの問題ではなく、カリキュラムのリデザインや教育制度の改変を迫る組織的な問題ということになります。実際に学期制の改革（クォーター制の導入など）や週複数開講科目の設定、科目のクラスター化（関連する科目間の連結を図ること）などによって克服する取り組みも行われてきています。

また、支援システムの導入によって授業時間外学習を保証することも考えられます。たとえば、時間外でも補習を可能にするような e ラーニング（教材開発も含む）の活用、Moodle などの CMC（Course Management System）や LMS（Learning Management System）、SNS（Social Networking Service）といった ICT の活用などが挙げられます。他にも、（一方向的な知識伝達を目的とする）講義はアーカイブ化して事前に視聴させた上で、授業ではディスカッションや演習をベースに展開する通常の授業とは逆の発想で行う反転授業（Flipped Classroom）といった手法も1つの可能性として考えられるでしょう。　　　　　　　　　　　　　　　（山田）

Q48　教育の内容と方法

クラス規模は授業にどのような影響を与えるのでしょうか。

A　クラス規模に関しては国内外において古くから研究されており、初期のIRの活動と見なされることがあります（岡田、2011）。授業に参加する学生の数、つまりクラス規模は、教育面だけでなく経営面から見ても重要な指標です。一般的には、少人数による教育が望ましい形態であると考える人が多いでしょう。しかし、大学がすべての授業を少人数クラスにすることは容易なことではありません。なぜなら学生数が同じならば、教員の数を増加するか、教員の担当授業時間数を増加するか、それとも学生が履修する授業の数を削減しなければ全体のクラス規模を小さくすることはできないからです。このような現実的な課題の前では、授業に参加する学生の数が授業にどのような影響を与えるのかについてきちんと理解しておく必要があります。

　クラス規模が授業にどのような影響を与えるのかについては、これまでさまざまな研究者が調査をしてきました。簡単にまとめると次のようになります（中井、2006）。

- 海外の調査においても日本の調査においても、クラス規模が学習成果などに大きな影響を与えるという調査結果とあまり影響を与えないという調査結果

の両方がある。
- 多人数授業において教育効果が低くなるという調査では、集団による匿名性が授業に対する学生の帰属意識や責任感を低下させること、個々の学生への教員の対応が少なくなること、可能な教授法が限られること、プリントの配付や出席の確認などの授業運営に要する時間が増えることが原因として指摘されている。
- クラス規模は大きくなるほど授業満足度に負の影響を与えるが、その大きさが一定規模以上になると満足度が下降から上昇に転ずる場合があるという調査もある。
- 多人数授業に対して学生は教員と比較してそれほど大きな不満を抱いていないという調査結果がある。

(中井)

Q49 教育の内容と方法

学習ポートフォリオを導入したいと考えていますが、どのように進めればよいでしょうか。

A 学生の学びと成長により深く関与し支援する教育ツールの1つとして、**学習ポートフォリオ***の導入が各大学で進められています。ただし、その重要性を理解していても、実際に導入、普及するのは容易ではありません。多くの大学でGPなどの外部資金を基盤にポートフォリオシステムの構築を行っていますが、多くの教職員・学生がその存在を認知・活用し、教育・学習成果が高まっているかはまだ結論を出せない状況にあると思います。優れた事例として、金沢工業大学では、2006年より「KITポートフォリオシステム」として5分野のポートフォリオ（修学ポートフォリオ、キャリアポートフォリオ、自己評価レポートポートフォリオ、プロジェクトデザインポートフォリオ、達成度評価ポートフォリオ）を整備し、入学から卒業まで学生の学びと成長を全学的に支援しています（藤本、2012）。

導入を進めていくためには、以下のような手続きが必要になります。

(1) まずポートフォリオというものの重要性を構成員に認知してもらう必要があります。場合によっては、教員自身が**ティーチング・ポートフォリオ***を書いてみることも有効でしょう。
(2) 次にシステムの基盤構築ですが、全面的に外注に委ねて実装したり、元々あるシステムに強引にねじ込んだりすると上手くいかないように思われます。学内のメディア関係と教務関係の部署、教員と職員が共同でしっかりとデザインし、その上で発注先の企業も巻き込んで仕上げていくプロセスが重要です。
(3) そして、最も困難な普及・活用の段階です。システムはあるものの使われないというケースにならないためにも、どの範囲の学生に使ってもらいたいのか（全員 or 一部、必須 or 任意）、個々の教員（一部職員）はどこまで介入するのか（全員 or 一部）、導入の目的は何なのか（教育改善の手段、修学指導の手段、学生の成長の振り返りの手段）、どんな資料をポートフォリオに入れてもらうのか（成績、成果物、自己評価、他者評価など）を明確にし、必要に応じて規約を作成したり管理職との合意形成を図っておくことが必要になってきます。特に導入に際しては、個人情報保護の観点からも利用目的を明示しておくことが必要です。
(4) その上で蓄積されたデータを分析する段階に入ります。学習ポートフォリオには多くのデータが含まれます。学習プロセスに関わる質的データの分析を行うことで、学生の学習に関する多面的な情報と改善方策を導出することが可能になります。また、質的情報を含むポートフォリオを評価するために**ルーブリック***を開発することも有効であると言われています。

（山田）

Q50 教育の内容と方法

初年次教育の効果はどのように検証すればよいでしょうか。

A 初年次教育*には、目的や方法も異なる多種多様なものが存在します。たとえば、杉谷（2004）は初年次教育の類型として、補習教育型、スキル・方法論型、情報リテラシー型、ゼミナール型、オリエンテーション型、基礎・概論型の6つを挙げています。また、実施形態も単独科目で行うのか複数科目（一部か全学か）で行うのかに分けられます。自大学の初年次教育がどのような目的をもち、どのような方法・形態をとっているかをまず明確にすることが効果検証の前提になります。

検証は、授業（ミクロ）、カリキュラム／プログラム（ミドル）、組織（マクロ）それぞれのレベルで行うことが可能です。

(1) 授業レベルであれば、通常の授業と同様、授業評価アンケートを用いることができます。他にも、授業の中で学生がどのような力を得たのかについて、授業中の態度やグループワークでのパフォーマンス、レポートなどの提出物から評価することができます。さらに、最終的な成績評価に自己評価といった指標を用いることもできます。態度や技能の評価ツールとして**ルーブリック***を用いるのも効果的です。

(2) カリキュラム／プログラムレベルにおける検証の最大の利点は授業間での比較ができることです。カリキュラム評価アンケートなど共通の指標（項目）を用いることで、初年次教育の効果を高めているのはどの授業なのか、その授業の特徴はどのようなものなのかを把握することができるとともに、効果という点から相対的に弱い授業を発見し、対応を図ることができるようになります。

(3) 組織レベルであれば、大学教育センターのような部署が効果検証を主に担うと言えます。全学的に捉えるとなると、授業のように個々の学生のパフォーマンスを捉えることは難しくなりますので、学生調査が1つの効果的

な手段になると思います。入学してきた新入生へのアンケートや初年次教育の効果を捉えることに特化したアンケートなどが実際例として挙げられます。学部横断的に捉えることで、個々の学部の強みや弱みを発見することができることに加え、FD*やコンサルテーションとセットにすることで、大学全体の教育の質保証*・質向上の方策として初年次教育を位置づけることが可能になります。

たとえば、島根大学では、初年次教育の全学導入およびその効果検証を行うために、まず全学的なフレームワークとして初年次教育ポリシー、大学憲章や学生調査に基づく学生ニーズをふまえた具体的な到達目標、運用上のルールなどを示した「初年次教育プログラムガイドライン」を策定しました。そして、新入生アンケートと初年次教育終了後のアンケートを実施し、全体の傾向を分析するとともに各部局および授業ごとの比較を行いました。それらの結果を「初年次教育相互研修会」などの場で共有し、毎年の改善・質向上につなげています（山田・森、2009）。
　　　　　　　　　　　　　　　　　　　　　　　　　　　　　　　　（山田）

Q51　教育の内容と方法

カリキュラムの見直しを行うには、どのようなことを参考にすればよいでしょうか。

A　カリキュラムの見直しにはどこの大学も苦労していると思いますが、1つの参考指針として**ディプロマ・ポリシー***とそこで掲げられた能力を身につけるための方針である**カリキュラム・ポリシー***が挙げられます。ディプロマ・ポリシーあるいは学習成果の獲得状況については、成績や単位修得状況、授業評価アンケートや学生実態調査で確認することができると思います。また、近年では、カリキュラムの可視化を目的としたカリキュラム・マップの作成、ディプロマ・ポリシーと個別授業との関連性を可視化したカリキュラム・チェックリスト（あるいはカリキュラム・ツリー）の作成が行われています。

学部・研究科などが定めたカリキュラム・ポリシー、カリキュラム・マップ、

カリキュラム・チェックリストと、ディプロマ・ポリシーや学習成果として掲げられた能力のうち学生が獲得した能力とを見比べながら、効果的かつ特徴的な授業や教育プログラムを発掘し、重要な要素としてカリキュラムに組み込むことができると思います。特に、文科省 GP など外部資金によって充実が図られた取り組みは、プログラムの効果検証も含め多くの示唆に富んだものになっていると思われます。

　カリキュラムといっても、それが全学共通教育や教養教育なのか専門教育なのかによってマネジメントの主体が異なります。たとえば、とりわけ全学共通教育や教養教育では、教室の収容定員と授業の受講定員、実際の履修者との兼ね合いの中で、クラス規模やカリキュラムの中での位置づけも決まってきます。希望者が集中する科目では抽選を行ったり、場合によってはクラスを二分したりすることもあります。学生の履修状況（選択・自由科目などでの希望者数や単位の修得状況、成績の分布状況）も判断材料となります。このような基礎的な教務データも現行のカリキュラムをリデザインする際には重要な資料になります。

　また、現在推奨されている**アクティブ・ラーニング***などをカリキュラム上に埋め込むためには対応できる施設の整備が必要になってきます。この場合、関連部署との調整や予算の確保も必要になります。そのための裏付けとして、他大学での取り組みに関する情報や自大学での学生のニーズ、調査などから導き出された効果があることを証明するデータなどもできる限り収集しておくことが必要になってきます。

(山田)

Q52　教育の内容と方法

学生による授業評価を組織的な教育改善につなげるには、どのような方法がありますか。

A　学生による授業評価は日本の FD*の代名詞として多くの大学で導入され、その実施率は国公私立を問わずほぼ 100％に達しています。1991年の大学設置基準の大綱化に伴う**自己点検・評価***の努力義務化（1999 年に義務化）、1998 年の第三者評価システム導入に関する提言、1999 年の FD の努力義務化、

コラム⑥

支援としての評価

　現状の把握や改善のために調査などを企画すると「問題を指摘されるのではないか」「余計な仕事が増えるのではないか」と警戒心を持たれることが少なくありません。こうした反発の背景には「現場の事情・苦労も知らずに」という心情もあることでしょう。確かに評価という行為は評価される側に負担を生じさせる面がありますが、どのようなスタンスで評価がなされるかによって負担感は大きく異なってくると言えます。

　そして、大学内部の質保証機能であるIRにおいて特に重要になるのが、「支援としての評価」だと考えられます。こうした評価にはまず、ある取り組みの現状を把握したりその取り組みを相対化できるような情報を提供するという機能が含まれるでしょう。この意味での評価結果には本質的にポジティブなものもネガティブなものも含まれますが、その取り組みを振り返るための判断材料を提供できるという点で支援につながります。また、今述べた評価のあり方とも部分的に重なりますが、支援としての評価には学内の優れた取り組みを発見し広めていくという機能もあります。優れた取り組みに光をあて学内できちんと位置づけることは、その取り組みに関わる者を励ますことになるだけでなく、周囲にもその実践のノウハウが共有され、よい影響を与えることになるでしょう。

　このように、支援としての評価という側面に重点を置きよい実践を増やしていくことが、IRを浸透させ大学教育の改善につなげる上で重要になると考えられます。特に、内部の質保証機能であり学内の教職員から構成されるIR組織においては、一方的で高圧的な評価ではなく、こうしたスタンスでの評価が求められるでしょう。

　最後に、IRは改善の間接的な支援にはなりますが、改善のための具体的な方法までを提示できるわけではありません。そのため、たとえば大学教育の改善について言えば、情報を提供するIR機能と改善のための具体的な手段を提供するFD機能をいかにうまくリンクさせられるかが、実質的な改善を進める上で極めて重要な課題になるでしょう。

(岡田)

2008年の義務化(大学院は2007年)などによって急速に認知・拡大されてきました。活用方法もさまざまで、大きく6つの方法が挙げられます。

① 授業公開・検討会で他の教員と共有
② 冊子や広報誌でグッドプラクティスやティップスの紹介
③ ベストティーチャー賞の付与(教員表彰制度)
④ 改善レポートの提出(場合によっては管理職の介入)
⑤ 学内外への情報の公開
⑥ FDの専門家(ファカルティ・ディベロッパーなど)による助言(コンサルティング)

また、授業評価アンケートの実施時期によっても効果は異なります。通常は、授業の最後に授業全体の振り返りとして行われます。これは総括的評価に相当し、全体を俯瞰するには適していますが、その授業を受けている学生にはフィードバックされないという問題もあります。一方、最近増えてきているのが授業の中間地点で行うアンケートです。これは形成的評価に相当し、授業の中間期に授業に

表3 学生による授業評価を組織的な教育改善に結びつけている例

大学名	取り組み事例
愛媛大学	授業コンサルタントとして、教育・学生支援機構の専任教員が授業に出向きその授業について学生からコメントを求め、そのコメントを専任教員が改めて授業担当教員に伝える事業を行っている。(2008)
神戸山手大学	1週間分の授業を、教員相互はもとより学生の保護者、高校教員、職員などに公開し、授業内容や授業方法などについての意見を求める。その結果を個々の授業担当教員にフィードバックし、授業改善を図る(「FDウィーク」)(2008)
大同工業大学 (現在は大同大学)	各期ごとの学生による授業評価結果を授業担当教員に送付し、改善案などを提出させ、各学科長、授業開発センターが分析し、報告書を学内サーバーに登録し公表している。また、授業評価結果が一定水準に満たない教員に対しては、学長、授業開発センター長が改善を依頼している。(2006)
岩手医科大学	評価結果が上位の教員の授業を公開またはビデオ撮影し、他の教員の参考としている。(2005)
立教大学	学生による授業アンケート結果を活用して「Rikkyo授業ハンドブック」を作成し、全教員への配付を行った。(2005)
兵庫医科大学	アンケート結果の上位を自己点検・評価委員会で選んだうえ、教授会でベストティーチャー賞を決定し表彰した。(2004)

ついて学生から意見を聞くことで、後半の授業改善に役立てることができます。教員によっては毎回の授業でアンケートを取る場合もあります。このように、形成的評価と総括的評価をうまく活用することで、より質の高い授業評価アンケートとそれに基づく教育改善に結びつけることができます。個別大学の具体的な事例については、文部科学省が毎年調査・発表している「大学における教育内容等の改革状況について」で紹介されています（表3は一例）。

このように、現在の動向としては、個別教員へ結果をフィードバックするにとどまらず、組織的な観点から授業評価アンケートを用いた教育改善・向上のためのさまざまな方法が実践されています。ただし、授業評価アンケートはあくまでも教育改善の1つの手段でしかありません。個々の教員が行っている教育改善の方法はこの限りではありません。故に、組織的に導入するには慎重な議論を重ねて行う必要があり、そうしないと形骸化につながってしまう恐れがあります。

(山田)

Q53　教育の内容と方法

データを活用してFDを実施するにはどのような方法がありますか。

A ここではまずFD*を、授業（ミクロ）レベル、カリキュラム／プログラム（ミドル）レベル、組織（マクロ）レベルの3層で捉えます。

授業レベルのFDを推進する上では、授業に関わるデータが有効です。学生による授業評価アンケートは個々の教員の授業に紐付けられているものですので、その結果を元に授業改善を行うことが可能です。たとえば愛媛大学では、授業コンサルテーションとして、FDの専門スタッフが当該授業を受講している学生から意見を聴取し、その結果をまとめた上で担当教員と面談を行うという取り組みを行っています。

カリキュラム／プログラムレベルのFDを推進する上では、当該カリキュラムを受講している学生の実態を把握する各種調査結果と、GPA*や単位の修得状況のような客観的なデータを組み合わせて議論することが有効です。その際に、経

年での比較や調査間での比較(たとえば、新入生調査や卒業生(時)調査)などがあるとよいです。そして、どのような取り組みや教育・学習環境が学生の学習行動や学習成果に影響を与えているのかといった点を、組織の目標に対する適合性といった観点から分析し、共有することが重要です。たとえば、教授会など多くの教員が参加する場でデータ分析の結果を共有したり、ワークショップのような形でデータを基にグループでディスカッションを行い、改善方策を検討するなどの取り組みも有効です。

組織レベルのFDは、対象者が管理職者になります。全学的な見地から、当該大学の教育・学習環境が学生にどのような影響を与えているのかを分析し、報告することが期待されています。利用できるデータとしては、学生の学習実態を客観的に蓄積している教学データ(GPAなど)や学生アンケートなどの間接評価結果、中退率や就職率など学生の移動に関わるデータ、卒業生を雇用している企業担当者の声などが挙げられます。データの内容は、ミドルレベルと近いと思います。こうしたデータ分析の結果を、役員会や評議会など管理職者が集まる場で共有し、教育改革・改善の根拠資料とすることで組織的なFDの取り組みを促進させることが可能になります。

どのようなデータを取るか(使用するか)ということはもちろん重要なのですが、より重要なのはそれをどのような場で、どのような対象者に、どのようなストーリー(データから見えてくる課題などについて説得力ある論理構成)を準備してFD推進の取り組みとして認識させる/してもらうか、といったことがらです。こうしたことを総合的に考えていくことが非常に重要になってきます。

(山田)

Q54

学習の成果

学生の学習の成果はどのような指標で測定することができますか。

A 教育による学習成果の指標には直接的指標と間接的指標とがあります。直接的指標には、試験(口頭/論述式)や卒業論文・卒業研究、成績

表4 アセスメントの類型と主な特徴

タイプ	主な特徴
第一のアセスメント：プレースメント・テスト型アセスメント（直接的指標）	
	入学時の能力別クラス振り分けの際の診断や学力診断用に設計されており、高校の学習の到達度評価としての意味を持っている。
第二のアセスメント：情緒的要因重視型アセスメント（間接的指標）	
1. 履修前基本データ取得用アセスメント	高校時代あるいは新入生のオリエンテーション期間中に実施され、学生の大学での期待や目標など入学前の行動や経験を把握し、大学生活の基本データを収集する目的で実施される。
2. 1年次終了時点でのアセスメント	1年次を終了する学生を対象に行われるもので、1年間でどのような成長、変化があったかを見るためのアセスメント。
3. 学生の行動、態度、学習スキル、満足度や経験に関するアセスメント	学生の学習時間や、友人、大学教員との接触度、知識や自信についての自己評価、時間管理、ノートのとり方などの学習スキル、大学への満足度、生活管理スキルなどの項目から構成され、学生文化把握のために使用されている。
4. 特殊なサービスやプログラムを対象としたアセスメント	教務上の登録相談、寮生活、1年次セミナーなどの特定のプログラムやサービスを対象に策定されたアセスメント。
5. 特殊な学生集団を対象としたアセスメント	非伝統的な学生集団（成人学生や大学を中退する学生）など特殊な学生を対象として作成されたアセスメント。
第三のアセスメント：大学の学習到達度評価、質的保証評価型アセスメント（直接的指標）	
1. 学力や知識に関する到達度評価型プレースメント・テスト	学習到達度や学習スキルを測定するために意図されて作成されたアセスメント。意識調査や満足度調査とは異なり正答が用意されており、かつ学生の能力や技能を判断するツールとして使用。
2. 大学院入学試験および大学での専門分野の学習の到達度評価としても利用されるアセスメント	大学で学び、積み上げてきたことを卒業研究として論文にまとめたものを担当の個別教員やグループで評価する（キャップストーン）。
3. 各高等教育機関内で実施されるその他のアセスメント	高等教育機関のそれぞれの科目ごとに実施される小テスト、中間テスト、期末テスト、レポートなど。

出所：山田礼（2009）を筆者が改変

（GPA*）、単位修得率、学位取得率、資格試験や国家試験の合格率、学生の業績の集積（ポートフォリオ）などが含まれます。間接的指標には、学生調査やフォーカス・グループなどの学生による自己評価、同窓生・雇用者への調査、インターンシップや留学などのプログラムへの参加率、大学院進学率、**リテンショ**

ン*率・卒業率、就職率などが含まれます。これらに関連して、アメリカにおけるアセスメントは、表4のように3つのタイプに分類されています（山田礼、2009）。こうした指標やアセスメントを通じて、教育による学習の成果を測定することができます。なお、学習成果は「科目レベル」「カリキュラムレベル」「課程修了レベル」、かつ、「正課領域」「準正課領域」「正課外領域」で設定されるものです（山田、2013bおよび2013c）。どのレベル、どの領域で学習成果をとらえ、測定の対象とするのかは、自大学の戦略（教育目標）に基づきます。　　　（山田）

Q55　　　　　　　　　　　　　　　　　　　　　　　　　　　　　学習の成果

汎用的技能を含めたディプロマ・ポリシーの達成状況はどのように把握すればよいでしょうか。

A　まず、**ディプロマ・ポリシー***と学習成果の違いについて簡単に整理しておきたいと思います。ディプロマ・ポリシーは卒業時に最低限身につけておくべき能力の指針（すなわち出口が問題）であるのに対し、学習成果は必ずしも卒業時に限らず、各学年や教育プログラム、各授業のレベルで獲得すべき具体的な到達目標を示したものです。このように概念上一定の違いはあるのですが、ディプロマ・ポリシーと学習成果は密接に関連し合っていることから共通する指標も多く、測定方法も重なり合う部分が多くなっています。ここでは、直接評価による方法と間接評価による方法とを紹介したいと思います。

　直接評価による方法は、大きく3つに分かれます。教員による評価、国家試験など外部指標による評価、そして第三者による評価です。(1)教員による評価としては、これまで蓄積してきた成績評価はもちろんのこと、ディプロマ・ポリシーの達成状況を多面的に把握することができる卒業論文・卒業研究に対する評価を取り上げることができます。卒業論文・卒業研究は長期にわたる活動全体を評価しなければならないことから、最終的なアウトカム評価のみならずプロセス評価による評価も重要になってきます。そのための共通の評価ツールとしてリサーチ能力の**ルーブリック***の作成も有効だと思います。(2)もう1つは国家試験など外部指標による評価ですが、卒業時にこうした試験を必要とする学部では、カリ

キュラム自体がその合格を目的にしています。それゆえ、最低要求指針であるディプロマ・ポリシーに掲げた能力（特に知識面）の獲得なくして合格はありえないということになります。(3)最後は第三者による評価です。在学中に面接などの機会を設けて得た評価や実習先の担当者からの評価もありますし、卒業後学生を受け入れた企業などからの評価によって確認する方法もよく用いられています。

　間接評価では、学習到達度などに関する学生調査がよく用いられています。通常、卒業時調査のような形で、ディプロマ・ポリシーを項目に挙げて、その到達度を段階評定によって自己評価してもらいます。正課、正課外など具体的にどのような場面で身に付いたのかを併せて問うことも、具体的な改善への方策を考える上で効果的です。前述した直接評価は主として知識面での達成状況を捉えるのに適しているのに対し、間接評価は近年ディプロマ・ポリシーにも取り入れられているコミュニケーション能力やリーダーシップなどの**汎用的技能***を捉えることにも向いていると言えます。また、教員と学生との間で意見交換会（懇談会）の機会を持つことで達成状況を質的に把握することも可能です。　　　　（山田）

Q56　　　　　　　　　　　　　　　　　　　　　　　　　　　学習の成果

FDの成果を検証するにはどのような方法がありますか。

A 　FD*の成果を検証する方法として、一般的には授業評価アンケートの実施率や各種FD研修などへの参加率などを分析することが挙げられています。ただし、こうした数値そのものは成果の表層的な部分でしかなく、近年ではより踏み込んだ検証が求められるようになってきています。たとえば、研修会に参加したことでどのような変化が個人や組織に生じたのか（教員個人／集団の成果）、あるいは研修を受講したことによって学生の学習にどのような変化をもたらしたのか（学習者への成果）といったことを検証することが必要です。

　研修の効果検証のフレームワークとしては、カークパトリックの4段階評価が有名です。表5は、そのフレームワークとデータの収集法を示したものです（堤、2012）。

表5　カークパトリックのレベル4フレームワークとデータ収集法

レベル	定義名称	概要	データ収集法
1	反応 (Reaction)	プログラム参加者の反応を測定 ◇参加者はそのプログラムを気に入ったか	・リアクションアンケート ・インタビュー　　　　　　　　など
2	学習 (Learning)	プログラム参加者の知識やスキル習得状態を測定 ◇参加者は目的の能力を身につけたか	・理解度確認テスト ・インタビュー ・行動観察 ・パフォーマンステスト ・シミュレーション　　　　　　など
3	行動 (Behavior)	プログラム参加者の学習内容の活用状況を測定 ◇参加者が実際に職場で活用しているか（行動変容）	・フォローアップアンケート ・フォーカス・グループの追跡 ・アクションプランの立案 ・インタビュー ・行動観察　　　　　　　　　　など
4	結果 (Results)	プログラム参加者の行動変容によって得られた組織貢献度を測定 ◇参加者はビジネス成果を向上させたか	・フォローアップアンケート ・フォーカス・グループの追跡 ・実験群と統制群の使用　　　　など

出所：堤（2012）を抜粋・改変

　当然ながら、レベルは1から4になるにつれ、より深く広範囲に影響を及ぼすものになります。FDをデザインする際には単なる直後の満足度のみならず、その後の変容過程の把握までを見据えたものにしていく必要があります。ただし、企業などでの研修と大学での研修とは質的にも大きな違いがあり、ほとんどのFDの検証はレベル1から2の間に留まっているのが現状かと思います。あくまで理想的なフレームワークですが、できる限り高次のレベルに移行するための実践の蓄積と検証方法の開発が求められます。

　また、教員を対象にした各種FDが教員個人や教員組織へもたらした変化が、最終的には学生の学習の質の保証・向上に結びつくことが求められます。このことを立証するのは難しい作業ですが、教員・学生双方を対象にした同じフレームでの調査やインタビューなどを駆使することによって少しずつ明らかにされていくことが期待されます（山田、2013a）。
　　　　　　　　　　　　　　　　　　　　　　　　　　　　　　　　（山田）

Q57　学習の成果

学生調査を実施する最適なタイミングはいつでしょうか。

A 　ここでは3地点を最適なタイミングとして紹介したいと思います。まずは、卒業年次の学生への調査（卒業時調査）です。大学教育の全課程を終え、あるいは卒業論文・卒業研究を残すだけとなり、学生生活を一通り見渡せる時期にある学生に大学における学びの成果や課題を振り返ってもらうための調査です。いわゆる総括的評価にあたるもので、認証評価などの第三者評価でも重要視されているところです。具体的には、卒業後の進路選択状況や教育・学習環境に関する各種満足度（改善把握）、および学生時代の行動（傾倒）や能力（**ディプロマ・ポリシー***など）に関する自己評価（アウトカム）の3点の関係を中心に捉え、学内の教育・学習環境改善への方途を検証することが目的になります（山田剛、2011）。

　次は、新入生への調査（新入生／入学時調査）です。高校から大学に入学してきたばかりの学生を対象に、高校での学びの実態や大学での学びに対する意識を聴取するための調査です。卒業時調査が総括的評価に位置づけられるのに対し、新入生調査は診断的評価に相当します。多様な学習履歴を持って入学してくる学生の実態を入口段階で把握しておくことで、その後の**初年次教育***の整備に役立てることが可能になります（山田、2012b）。具体的には、高校までの学習態度や履修科目、入試形態、進学動機、学習目的・意欲、学習観や身につけたい能力（ニーズ）などが含まれます。

　最低でも上述した2地点は押さえておきたいところですが、いま1つポイントを挙げるとすれば教育を受けている中間段階での調査です。特に1年次が終了した時点での調査が重要です。大学初年次は、大学生活全体の中でも極めて重要な時期であり、そこでのつまずきが後年次にも継続することが指摘されています。これまであまり重視されてこなかった大学初年次生を対象にした教育プログラムも、近年では多数実施されているところですが、それらが十全に機能しているかを検証する意味でもこの時期の調査は重要と考えます。具体的には、正課内外で

この1年間傾倒してきた活動やそれらを通じて身に付いた力、享受した教育・学習環境およびそれらを含む各種満足度、不安・心配事といった学生生活に関する意識などが調査に含まれます。 (山田)

Q58　学習の成果

効果的な卒業生調査を実施するには、卒業の何年後くらいに行うのがよいでしょうか。

A　大学で学んだ成果はすぐに現れるものではなく、卒業後一定の社会生活期間を通じて認識されることは、「大学教育の遅効性」などの用語で古くより指摘されています（吉本、2004）。それゆえ、卒業生に大学教育を振り返ってもらう調査は、大学教育改革において重要な示唆を孕むものです。その実施時期について、ここでは3地点を取り上げたいと思います。

まずは卒業後1年目。高校から進学してきた1年生の大学への適応が重要視されるのと同じく、大学から社会への移行に際して当人に生じる影響が大きいことは想像に難くありません。1年目の衝撃を乗り越える上で大学教育はいかに意味づけられるのか、比較的記憶の新しい時期に聴取しておくことは有効です。

次に卒業後3年目。一般に「7・5・3」（入社後3年以内に離職する新社会人は、中卒で7割、高卒5割、大卒3割）と言われるように、大学卒業後3年以内に離・転職する割合は少なくなく、その予備軍も存在しています。1つの転換点であるこの時期に聴取しておくことで、就職のミスマッチ問題を発見できるなど得られる示唆は大きいでしょう。

いま1つは卒業後10年目。さまざまな初期キャリアを経て、結婚や出産などさまざまなライフイベントも経験したり見据えたりする中で、改めて大学生活の振り返りを行うことによって得られる大学教育の成果や課題があると思われます。

実施にあたり、まずは調査対象者の確保が問題になります。卒業生の基本情報として卒業生名簿などがありますが、異動・引越しなどに伴う情報の更新が行われていないケースが多く存在します。同窓会組織がこの更新作業を行っている場合、卒業生への連絡は比較的容易になりますが、卒業生調査を実施することを目

的としていない場合はこの情報を使うことができないため、あらかじめ同窓会組織との間で同意を得ておくことが重要となります。

　調査方法としては、郵送調査とウェブ調査があります。多くは前者によるもので、その場合、調査票と依頼状、返信用封筒を同封の上、卒業生へ送付し、一定期間（一般的には3～4週間）以内に返送してもらうという流れになります。ウェブ調査であれば、調査実施にかかる負担は大幅に軽減されます。具体的には、卒業生のメールアドレスに調査ウェブサイトのアクセスURLを送付し、回答を依頼します。督促もメールでの一括送信で行うことができ、低コストでの実施が可能です。実態に関して、2013年2月に、全国の国公私立大学の学科長を対象に実施した「大学のカリキュラムデザイン実態調査」（日本高等教育開発協会とベネッセ教育研究開発センターの共同調査）では、「卒業生によるカリキュラムに対する評価収集や、アンケート調査」の実施率は24.9%（2,376学科中）とおよそ4分の1で実施されていることが示されています。また、九州大学「高等教育と学位・資格研究会」では、卒業直後から10年目までの初期キャリアの実態を把握することなどを目的として、機関横断型の「卒業生のキャリアと学校評価に関する調査」を2012年10月から開始しています。　　　　　　　　　　（山田）

Q59　　　　　　　　　　　　　　　　　　　　　　　　　学習の成果

小規模な大学の場合、アンケート調査で学習成果測定を実施することは適切でしょうか。

A　小規模校だから質問紙によるアンケート調査が有効ではないということには必ずしもなりません。組織としてある程度客観的に学生の実態を把握・蓄積しておくことは、組織全体の成果や課題を中長期的に見る上で重要になるからです。また、大規模校では全数調査は極めて困難ですが、小規模校では比較的容易に全数調査を実施することができます。抽出調査による対象者の偏りを防ぐことができるため、組織全体の成果としてより説得力のあるデータが収集可能になります。

　一方で、アンケート調査は大局を把握することには適していますが、学生個々

人の資質・能力の詳細や成長過程を捉えるには限界があるのも確かです。その時に小規模校ならではの強みが活かせると思います。

　学生の学習成果において重視されている指標を大別すると、成績（**GPA**＊、単位修得状況）、進路（進学、就職）、そして**汎用的技能**＊の3点になります。日常的に教学部署において蓄積・管理されている成績や進路などの客観的データに加え、アンケート調査で得られる学生自身の自己評価を総合的に判断することで、学生の総合的な学びと成長の実態を把握することが可能になります。

　さらに、①学習や進路選択のプロセスを可視化・共有するための各種ポートフォリオ（**学習ポートフォリオ**＊やキャリア・ポートフォリオなど）、②学生のレポートや論文、プレゼンテーションなどの制作物やパフォーマンスに対する**ルーブリック**＊評価、③個別インタビューやフォーカス・グループといった質的データの収集なども学習成果測定の効果的な方法として挙げられます。これら以外にも、小規模校の最大の強みは「学生の顔が見えること」、「教員同士の顔が見えること」にあると思います。学生が授業にどのように取り組み、どのようなことを感じているのかなど、彼らの日頃の生活・学習態度や心境の変化などを把握しやすいと思います。学習の成果は学習場面のみならず、日頃の生活からも多分に影響を受けます。もちろん個人情報の問題や、顔が見えるがゆえの難しさもあるとは思うのですが、そうした情報を日常的に共有していくことで、より多面的に学習成果を捉えることができるのではないでしょうか。

（山田）

Q60　学習の成果

日本人学生と留学生の自己評価を比較する際に留意すべきことはありますか。

A　日本人学生と留学生の学習成果を比較する際には、どのような指標で学習成果を測定するのかが重要になります。たとえば、知識や思考力を問う筆記試験を実施し、その得点を比較するといったことであれば、同じカリキュラムで学習している限り問題はないと言えます。一方、アンケート調査のように学習成果を自己評価で尋ねるものについては、次のような点に留意する必要が

コラム⑦

個人の能力・技能への関心の高まりと、そこに潜む問題

　近年、大学教育の質保証が取りざたされる中で、学生の学習成果は大学教育の質が反映される最も重要な指標の1つとして注目を集めています。学士力や社会人基礎力といったように、各省庁も大学生が卒業時や社会に出る際に身につけておくべき能力や技能をさまざまな観点から明示するようになりました。こうした概念の特徴としては、従来の大学教育で重視されてきた専門知識・技能だけでなく、より汎用的な能力・技能や態度といった側面にも重点がおかれているということがあります。

　しかし、このような学生の能力や技能に対する関心の高まりは、問題の原因を個人の側のみに還元してしまうという危険性もはらんでいると言えます。社会の側の要因を考慮せずに能力・技能といった個人の要因のみに注目が集まれば「社会の中でうまくいかないのは個人の能力・技能が足りないからだ」という短絡的な発想を招きかねません。また、身につけるべき能力・技能が明示され測定されるようになれば、必然的に大学はそうした能力・技能を向上させようとするでしょう。そしてそのことは、結果的にすべての能力・技能の高い「高品質な学生」を追求することにつながります。しかし、現実を考えれば、各々に得意・不得意があるのが自然であり、すべてにおいて優れている学生は数少ないでしょう。したがって、こうした理想的な個人を志向するよりも、むしろ互いの短所を互いの長所で補い合い全体として高いパフォーマンスを発揮できるような関係性のあり方に目を向けたほうが合理的なようにも思えます。

　卒業後の学生が社会の中で困難を抱えるとすれば、そこには個人の側の問題だけでなく、組織や企業といった社会の側の問題や個人と社会のマッチングの問題もあると言えます。大学教育の質保証や学習成果をめぐる現在の議論においては個人の能力・技能の問題に関心が偏っている感がありますが、それらを引き上げることだけを目指すのではなく、それぞれ得意・不得意のある個人が力を発揮できるような社会とは、あるいはそのような社会との接続のあり方とは、といったことも同時に考えていくことが重要でしょう。

（岡田）

あります。

　1つは、日本人の学生は国外の学生に比べ一般的に自己評価が低い傾向にあることが挙げられます。そのため、他者から見た学力や能力に違いがなくても、アンケート調査の結果では日本人の方が点数が低くなるといったことが生じます。もう1つは、同じ質問項目を用いていても、その言葉が持つ意味やニュアンスが日本人と留学生では異なるという問題もあります。たとえば、コミュニケーション能力といった場合に日本人と欧米人では具体的にイメージするものが異なるでしょう。もちろん、これは留学生間でも国や文化が異なれば同じことが言えます。

　このように、アンケート調査では、大学教育の影響よりも国や文化の違いの影響が大きく出てしまうといった問題があることから、学習成果の比較には慎重になった方がよいでしょう。むしろ、こうした指標で捉えた学習成果は、同じ国の留学生グループにおける学習成果の変化や、留学生個々人の学習成果の変化を明らかにするのに向いていると言えます。

(岡田)

Q61　学習の成果

ルーブリック評価とはどのようなものでしょうか。

A　ルーブリック*のタイプとして、(a)構造：基準を複数設定して分析的に評価する「分析的ルーブリック」か、基準を複数に分けずに全体的に評価する「全体的ルーブリック」か、(b)スコープ：ある領域で一般的に適用できる「一般的ルーブリック」か、当該課題だけに適用される「課題特殊的ルーブリック」か、(c)スパン：複数年にまたがって使われる「長期的ルーブリック」か、短期間あるいはスナップショット的に使われる「採点用ルーブリック」か、などが取り上げられています (松下、2012)。

　ルーブリックの利点としては以下の7つが挙げられます。

①どの程度まで努力すればどのような評価が得られるのか明示されており、学生自身の行動指針が明確になっている。

表6 プレゼンテーションのルーブリック

基準＼尺度	よくできました（A）	もう少し（B）	改善の必要あり（C）
声　量	教室全体に声が届いており、最初から最後まで、内容がよく聞き取れる。	教室全体に声が届いているが、時々、内容が聞き取れないことがある。	発表全体を通して、教室全体に声が届かず、教室の端では内容がよく聞き取れない。
スピード	説明するスピードは適切で、聞き取りやすい。	説明するスピードは、おおむね適切だったが、一部、聞き取りにくいところがあった。	説明するスピードは、遅すぎるか、速すぎるかのどちらかであり、全て聞き取りにくい。
内　容	わかりやすい順序で内容が構成されており、聞き手が理解しやすい。重要な点も強調されている。	内容の順序については、改善の余地が若干あり、聞き手が理解しにくい部分がところどころある。重要な点もやや不明瞭である。	内容の順序がバラバラであり、聞き手が理解に苦しむ。重要な点がどこなのかわからない。
熱　意	やる気、人を動かす熱意も十分表現されている。	やる気がないわけではないが、人を動かすほどの熱意にまでは表現されていない。	やる気が表現されていない。淡々と発表をこなしているように見える。
質疑応答	質問を正確に理解しており、応答が的を射ている。応答は誠意を持ったものになっており、やりとりが建設的である。	質問を正確に理解しているが、応答が的を射ていない。応答は誠意を持ったものになっており、やりとりが建設的である。	質問を正確に理解していないために、応答が的を射ていない。応答が攻撃的であり、質問者や聞き手に不愉快な思いをさせている。

出所：愛媛大学（2013）より一部抜粋

②学生が自らの学習活動を評価できる。
③結果だけではなく、プロセスも評価できる。
④採点開始から終了まで評価がぶれない。
⑤異なる人が評価しても同じ結果が得られる。
⑥教員による評価と学生による評価を比較検討できる。
⑦採点時間を短縮できるうえに、詳細なフィードバックが可能である。

特に、テストで確認できる知識以外の側面、たとえばグループワークやプレゼンテーションなどでのパフォーマンス、レポートのように単純に数値化できない定性的な側面を捉える際に効果的です。ルーブリックは、具体的には、表6のよ

うなマトリクス形式で示します。まず、扱いたい事柄（プレゼンテーション）を定め、いくつかの基準（声量、スピードなど）と尺度（よくできました、改善の必要ありなど）、尺度の具体的な説明を記載します。ルーブリックは最終的な学習の結果を評価する以外に、学習者が最終的な到達点をイメージしながら学習プロセスを把握・調整するために使用することができるため、モチベーションの維持・向上にも寄与することが可能です。さらに、同一科目で複数担当教員が行う授業や1つの授業を複数教員で担当するオムニバス型の授業などで、教員間の評定ができる限りぶれないようにするための方法としても、ルーブリックの作成は有効な手段となっています。

　一方、ルーブリックの作成に際しては注意すべき点もあります。参考となるルーブリックの雛形などは示されていたりしますが、自大学の中でそれらをカスタマイズする必要があります。ルーブリックの対象範囲も、全科目を扱うようなものではなく、特定の科目や分野、教育プログラムなど小さなところから始めることが重要です。このように対象を選んだり、教員間で評価基準がぶれないように調整していくには一定の時間と労力が必要です。このプロセス自体がFD*として極めて有効な手段の1つとなっています。

（山田）

Q62 学生支援

4年間の大学生活で学生はどのように成長するのでしょうか。

A　2008年の中央教育審議会答申「学士課程教育の構築に向けて」では、日本の大学が授与する学士が保証する能力の内容に関する参考指針として**学士力***が提案されています。これは大学が育成すべき知識や技能を示したものですが、大学関係者はもう少し広い視点を持っておくことが重要でしょう。つまり、学生が大学の外も含めた学生生活の中でどのように成長するのかという視点です。

　大学生がどのように成長するのかについては、エリクソンなどの研究成果をふまえてさまざまな研究者が理論を作り検証を重ねています。ここではチッカリン

グによる 7 つのベクトルについて紹介します（Chickering & Reisser、1993）。この理論は大学生の成長の全体を捉えるのに有効であり、学生対象のプログラムやサービスを評価する際の枠組みとしても広く利用されています。簡潔にまとめると、大学生は以下の 7 つのベクトルの方向に成長すると説明するものです。

 ベクトル 1 　専門能力を獲得する
 ベクトル 2 　感情をコントロールする
 ベクトル 3 　自立性、相互依存性を向上させる
 ベクトル 4 　大人としての対人関係を構築する
 ベクトル 5 　アイデンティティを確立する
 ベクトル 6 　目的意識を開発する
 ベクトル 7 　全体性を開発する

　この 7 つの方向の成長に影響を与える要因として、明確で首尾一貫している教育目的、大学の規模、学生と教員の間の関係、カリキュラム、教授活動、友人関係と学生コミュニティ、学生対象のプログラムとサービスが挙げられています。
　この理論はアメリカの学生調査に基づくため、日本の大学生に適用する際には注意が必要でしょう。ただし、大学生が大学の外での経験を通してさまざまな成長を遂げるという点では日本でも同様です。個々の大学が育成すべき内容を考えるためにも、そもそも大学生が 4 年間でどのように成長するのかという視点は重要であると言えるでしょう。
　　　　　　　　　　　　　　　　　　　　　　　　　　　　　　　　（中井）

Q63　　学生支援

正課外活動を通じての学生の成長を検証するためには、どのような方法がありますか。

A　学生の話を聞くと、ボランティアやクラブ活動といった正課外の活動が成長につながったという声が多いことがわかります。また、学生を見ていてそうした実感を持っている教職員も少なくないのではないでしょうか。しかし、こうした正課外の活動が実際にどの程度学生の成長につながっているのか

を検証するといった試みはあまりなされていないと言えます。

　この問題を検証するためには正課外の活動と成長に関するアンケート調査を実施することが考えられますが、個別の課外活動ごとに参加状況やそれによる成長を調査するのは労力もかかり現実的ではないでしょう。それよりも、大学生活全体を通じた成長を測定する指標を設定し、そこでの成長度にさまざまな活動への参加がどのように影響しているのかを検証できるアンケートを卒業時に実施する方が合理的だと言えます。成長度を評価する指標としては、**汎用的技能***がどの程度身についたかに関する学生の自己評価や、成績や学習態度、キャリア意識の変化などが考えられます。課外活動について尋ねる際には、活動の頻度や費やす時間といった量的な側面だけでなく、どの程度力を入れているのかといった質的な側面についても把握しておくことが重要です。

　課外活動全般ではなく、特殊な活動や一部の活動に焦点をあてて学生の成長との関係を明らかにしたいということであれば、こうしたアンケート調査ではなく特定の活動に参加している学生にインタビュー調査を行ったほうが詳細な情報を得られます。

　こうした調査を行い課外活動と学生の成長の関係を明らかにすることには、2つの点で意義があると考えられます。1つは、どういった課外活動が成長につながるのかや、どういった正課外の過ごし方が問題なのかを学生に伝えることで、根拠を示しながら学生生活の在り方を見直す機会を提供できるということです。また、学生の成長にプラスとなる課外活動が明確になれば、学生支援の改善にもつなげることができるでしょう。正課外の活動に対して大学がどこまで関与すべきかはさまざまな議論があることと思いますが、よい影響を与えているのであれば、たとえば積極的にボランティアの情報提供を行ったり、課外活動のための場を提供するといった支援を行う価値はあると考えられます。

　　　　　　　　　　　　　　　　　　　　　　　　　　　　　　（岡田）

Q64 　　　　　　　　　　　　　　　　　　　　　　　　　　学生支援

中途退学率を低下させるにはどのようにしたらよいでしょうか。

A　中途退学は大学の経営に直結する問題であるとともに、将来の展望のない退学がニート（若年無業者）につながってしまうという社会的な問題とも関係しています。読売新聞社が 2008 年に実施した調査によると、大学入学後 1 年以内の退学率の平均は 2.5％、卒業時までの退学率の平均は 8.2％となっています。ただし、これは平均値であり、退学率は大学によって大きく異なります。退学にはさまざまな要因が関係していますが、退学率は国立大学よりも私立大学で高くなっています。そして、私立大学の中でも国家資格など職業に直結する資格が取れる学部やブランド力のある大手伝統校では退学率が低く、地方にある小規模で魅力ある資格取得につながらない大学において退学率が高くなっています（船戸、2007）。これは大学側の要因ですが、学生側の要因としては、女子よりも男子の方が退学率が高いことや、相談できる相手の数、学習意欲、目標意識といった要因が退学率に関係していることが指摘されています。

　このように退学率には大学側・学生側双方の要因が影響していますが、退学率を下げるためにはまず自大学においてどのような要因が退学につながっているのかを明らかにすることが必要だと言えます。具体的な方法としては、まず実際に退学してしまった学生に関する情報を集めることが考えられます。彼らの退学理由、修得単位の状況、授業での様子、交友関係、生活の様子などの情報を、できれば本人と面談をして蓄積していくことで、退学する学生に共通する特徴や退学する学生のタイプなどを明らかにできるでしょう。面談をする際にはどういった内容について尋ねるのかをある程度決め、教職員で共有しておいたほうが後々分析がしやすいでしょう。また、こうした個別的な情報収集だけでなく、アンケート調査を行うことも有効だと言えます。たとえば、退学率と出席率や単位修得率は密接な関係にありますが、大学生活の状況や生活の様子などについてアンケートを実施し、どういった要因が出席率や単位修得率と関係しているのかを特定することができれば、そうした側面に働きかける対策を行うことで退学を予防する

ことが可能になるでしょう。

　分析を通して課題が明確になれば、大学の制度や学生支援、**初年次教育***などの見直しを具体化しやすくなります。実際に、分析に基づく退学対策を実施することで退学率が低下した大学も存在しており、感覚ではなく根拠に基づく改善が重要だと言えます。また、退学対策を成功させるためには、教職員が危機感を共有できていることも課題の分析以上に重要です。対策自体はよいものでも、それを実行する教職員に危機感が共有されていなければ表面的なものに終わってしまうでしょう。根拠に基づき現状と課題を分析し結果を共有していくことは、共通認識を形成するという意味でも重要であると言えます。　　　　　　　　（岡田）

Q65　　　　　　　　　　　　　　　　　　　　　　　　　　学生支援

キャリア教育の効果をどのように検証することができるのでしょうか。

　A　大学生の就職状況の厳しさや就職後の離職率の高さなどを背景に、2011年度から大学で就業指導（キャリアガイダンス）が義務化されました。義務化される以前からも多くの大学でキャリア教育の取り組みはなされてきましたが、こうした国の方針にも表れているように、就業指導のよりいっそうの充実が求められていると言えます。キャリア教育には正規のカリキュラムに授業として組み込まれているものだけでなく、就職支援センターなどで実施されている就職セミナーやガイダンスなども含めることができます。そして、具体的なキャリア教育の内容は、将来のキャリアのビジョン形成、自己分析や適性の把握、キャリア相談、就職試験などの対策、面接対策、企業説明会の開催など多岐にわたっています。

　こうしたキャリア教育の効果を検証する際に重要な視点は、どのタイミングで評価をするかということです。まず考えられるのは、キャリア教育終了時にキャリア意識がどう変化したかや、キャリア教育がどの程度参考になったのかを尋ねるというもので、こうした効果測定については実施している大学も少なくないようです。

次に、キャリア教育がその後の進路決定に向けた行動や進路決定状況にどのような影響を与えているのかを検討することが考えられます。キャリア教育が、実施した時点で学生に変化をもたらすだけでなく、その後の学生のキャリア形成につながらなければならないものであることをふまえると、こうした効果測定はキャリア教育終了時点での評価以上に重要だと言えます。たとえば、キャリア教育を受けた学生とそうでない学生を比較することでこうした問題について検討することができるでしょう。

第三に、学生が実際に社会に出た後に大学でのキャリア教育が有意義であったと感じているのかという視点からの評価も考えられます。就職後間もない離職が多いことをふまえると、こうした評価を通して、学生と企業のマッチングを考慮したキャリア教育になっているのかを見直すことも重要でしょう。

最後に、これは他の学生支援にも共通することですが、キャリア教育が必要な学生にきちんと提供できているかということも把握する必要があります。たとえば、キャリア教育の科目が選択科目であれば、キャリア意識の高くない学生はそもそも受講しないと考えられます。就職支援センターなどが提供する支援についても同様のことが言えるでしょう。もしこうした状況があるのであればキャリア教育のシステムを見直す必要があります。そして、こうした改革を進めるためにも、上述したキャリア教育の効果をデータに基づいて説明できるようにしておくことが重要になるでしょう。

(岡田)

Q66　学生支援

就職率はどのように求めるのでしょうか。

A　就職率は受験生や保護者の注目を集める指標で、大学側も重要な指標であると認識しています。しかし、大学が自らのパンフレットに記載する値と、マスコミなどによる就職率ランキングでの値とが食い違ったり、直感と異なったりすることもあります。これは就職率の定義が異なることが原因です。

基本的には、就職率＝就職した人÷就職を希望した人、で計算されます。「就

職した人」は、多くの場合、学生から大学に提出された就職届やそれに類するものを元に算出します。「就職を希望した人」の数え方には幾通りかあります。まず、最終学年在籍者全員を就職を希望した人とする方法です。次に、最終学年在籍者全員から進学希望者を除く方法です。さらに、大学が自前の調査で把握した就職希望届を出した学生の人数を使用する方法もあります。

たとえば、最終学年在籍者全員を分母とするものに文部科学省「学校基本調査」（就職率＝就職者÷卒業者）があります。進学希望者を除く方法を採用しているものに東洋経済「本当に強い大学ランキング」(2011)（正味就職率＝就職者÷（卒業生−進学決定者））があります。これは大学に調査票を送付して得られた数値を用いて算出しています。文部科学省、厚生労働省「大学等卒業予定者の就職内定状況調査」（就職率＝就職（内定）者÷就職希望者）は、抽出値に基づく推計で就職率を算出しています。

（藤井）

Q67　学生支援

学生への経済的支援はどのように決定すべきでしょうか。

A 学生への経済的支援には、主に授業料の減免や奨学金があります（小林、2010）。こうした経済的支援の目的は、経済的に困難な学生に教育の機会を保障するというものと、優秀な学生を育成するあるいは確保するというものの大きく2つに分けられます。そのため、経済的支援をどちらの目的で行うかによって支援制度のあり方も異なってくるでしょう。

まず前者の経済的に困難な学生への支援についてですが、もちろん日本学生支援機構などの貸与奨学金の利用を促すということも考えられます。しかし、先行きが不透明な中で借金をつくりたくないといった理由から貸与奨学金の申請を躊躇してしまうケースもあると言えます。そのため、まずは支援策を考える前に経済的支援に対するニーズがどの程度あるのかを把握する必要があるでしょう。たとえば、入学前の高校生に対しては進学相談などで経済的な不安がないかを確認します。在学生には経済状況やアルバイトの状況に関するアンケートを実施する

とよいでしょう。また、休学・退学者の中に経済的な理由による者がどの程度いるのかも把握しておく必要があります。こうした現状把握に基づき具体的な支援策を検討することになりますが、たとえば1つの可能性として、学費を一律に設定する（一律型学費）のではなく、学生の負担能力などに応じて学費の減額を行ったり奨学金を給付する（個別型学費）などの方法が考えられます（濱名、2005）。

次に、優秀な学生の育成や確保を目的とした支援に関してですが、これについては給付奨学金や授業料減免があります。こうした支援には学業や大学が奨励する活動への学生の動機付けを高めるといった機能があると言えます。そのため、まずは支援を受けた学生に大学の意図した指標でポジティブな変化があったのかを検討する必要があるでしょう。また、こうした支援の意義を検討する際には、一部の学生だけでなく一般の学生に対しても支援が動機づけを高めるものとして機能しているのかという視点も重要だと言えます。そのため、一般の学生がこうした支援についてどう捉えているのかを把握し、多くの学生にとって魅力的な支援のあり方を検討していくことが重要なのではないでしょうか。　　　　　　（岡田）

Q68　　　　　　　　　　　　　　　　　　　　　　　　　　　学生支援

奨学金受給生の学習成果が向上しているかどうかを確認するにはどうしたらよいでしょうか。

A　奨学金には給付や貸与などのタイプがありますが、各大学で用意している奨学金制度においては、限られた資源に見合ったより有効な方針策定が求められます。

特に、奨学金の受給生が本当に学習成果を向上させ、成長を遂げているのかどうかを十分に吟味し、次期の奨学金政策に活用するには、次のようなデータに着目することが重要でしょう。具体的には、学業成績にかかわるデータとして、受給生のGPA*、修得単位数、各種試験得点などの数値およびその推移に関するデータが挙げられます。また、学生自身の成長感、学習に対する満足度、授業外学習時間、進路決定状況なども、受給生の多面的な成長を測定する上で無視できないデータです。

あわせて、受給生と非受給生との比較も有効でしょう。一般に、受給生の方が良好な学業成績を修めているように思われがちですが、非受給生の中にも極めて成績の高い学生が存在する可能性はゼロではありません。本当に奨学金が適正に対象者に提供されているのかどうかを検討し、より妥当な学生支援策を講じるためにも、受給生と非受給生の学習成果の相違が何と関連しているのかを丁寧に分析することが必要でしょう。 　　　　　　　　　　　　　　　　　　　　　　　　　　（鳥居）

Q69　　　　　　　　　　　　　　　　　　　　　　　　　　　　　　学生支援

学生の問題行動を把握するにはどのようにすればよいでしょうか。

A 学生の問題行動には、大きく分けると、周囲に危害を加えたり規範を逸脱した行動をとってしまう反社会的問題行動と、周囲とうまく関われず孤立したり大学に来ることができなくなってしまう非社会的問題行動の2つがあります。一般的に反社会的問題行動は目に付きやすく周囲も注意する必要があることから対応がなされやすいのですが、非社会的問題行動については、相対的に気づかれにくく対応がなされにくいことから長期欠席といったより深刻な状況に陥ってしまうことが少なくありません。こうした問題行動の実態を把握したり、問題行動をおこしやすい学生を明らかにすることは、問題行動の予防策を考える上でも有益だと言えます。

　問題行動を把握する方法についてですが、1つは出席状況や単位修得状況といった大学の手元にある情報を活用する方法があります。すでに実践している大学もみられます。出席や修得単位数が芳しくない学生に連絡を取ることは、問題の把握につながるだけでなく問題の発生や深刻化の予防にも直結します。その際に重要なことは、こうした情報の把握が学生相談室や保健センターなどの学生支援に関わる部署と連携を取りながら行われているかということです。休みがちな学生や学業不振の学生は心理的な問題を抱えていることもあり、専門知識に基づく対応が必要な場合があります。問題の把握から効果的な対応につなげるためにはこうした部署との連携が求められるでしょう。

日々の大学生活における問題行動を把握する方法としては、反社会的・非社会的問題行動に関する質問項目からなるアンケート調査を実施することも挙げられます。具体的な反社会的問題行動の項目としては、未成年の飲酒・喫煙、粗暴行為、パワーハラスメントやセクシャルハラスメントに関するものが考えられます。また、非社会的問題行動では、孤立や他者とのコミュニケーション不全に関する項目が考えられるでしょう。この種のアンケートにはたして学生が正直に回答するのかといった懸念も出てくると思いますが、無記名のアンケートにすることである程度懸念が解消できます。また、アンケートを実施する際には、問題行動の有無についてのみ尋ねるのではなく、問題行動と関連していそうな学生の属性や問題行動が生じやすい状況についても尋ねておくとよいでしょう。こうした要因と問題行動の関係を明らかにすることが、問題行動を予防するための支援策につながります。

(岡田)

Q70　　　　　　　　　　　　　　　　　　　　　　　　　　学生支援

心理的な問題を抱えた学生の実態を把握するにはどうすればよいでしょうか。

A　さまざまな精神疾患の有病率を考慮すると、心理的な問題を抱えた学生はどの大学にも一定数存在しています。また、近年では発達障がいの学生に対する関心も高まっており、大学はこうした学生についても把握し適切な支援を行う必要があります。

　こうした学生を把握する方法ですが、まずは心理的な問題を抱えている学生に入学後に自己申告してもらうことが考えられます。ただし、こうしたことを他者に伝えることに抵抗感がある学生もいるでしょう。そのため、たとえば入学時のオリエンテーションなどで、心理的な問題を抱えていることは珍しくないことや、大学の支援体制（学生相談室や保健センター、大学独自の支援システムなど）、秘密保持の在り方などについて説明し、安心して相談できる環境をつくっておくことが重要です。大学によってはメールや電話で相談を受け付けたり、談話室を設けるなどさまざまな試みがなされています。

一方、学生は必ずしも問題を自覚し専門機関で診断を受けているとは限りません。たとえば発達障がいの学生などは自分も周囲も障がいに気づいていないということがよくあります。こうした場合、教職員が学生の問題を把握し必要に応じて学生を学生相談室などにつなげることが重要になります。しかし、大学の教職員は小学校・中学校・高等学校の教員と違って教職に関する教育を受けているわけではないため、学生の心理的な問題について知識があるとは限りません。そのため、専門家による研修などを開催し、教職員の側が学生の問題に気づける目を養っておくことが必要でしょう。また、問題を抱えた学生を発見した際に、どの部署とどのように情報を共有し対応にあたるのかといった連携の仕方についても事前に整備しておくことが望まれます。

　こうした個別に問題を把握するという方法のほかに、自己評価式のアンケート調査を行うことで学生の精神的健康状態を把握することもできます。広く用いられている尺度としては全国大学保健管理協会のUPI（University Personality Inventory）があり、精神身体的状況やうつ・不安・強迫傾向といったさまざまな側面について知ることができます。こうした調査は心理的問題のセルフチェックにも活用できるでしょう。大学によっては調査結果に基づき学生にカウンセリングを行うという取り組みもなされています。また、UPIはさまざまな大学で実施されており論文として結果が公表されているものもあるため、他大学との比較を行うことも可能です。この他にも発達障がい傾向を知ることのできる自己評価式の尺度が開発されており、こうした尺度は発達障がいの学生を把握する手助けになるでしょう。ただし、こうした心理的問題に関する調査はデリケートな問題も含んでおり、実施形態や結果の活用方法、学生に与える影響などを専門家とともに十分に検討した上で実施する必要があります。　　　　　　　　　　（岡田）

コラム⑧

理論と実践の橋渡し

　IRとは「機関の計画策定、政策形成、意思決定を支援するための情報を提供する目的で、高等教育機関の内部で行われる調査研究（リサーチ）」であり、実践志向の強い組織的な調査分析活動とされています（Saupe、1990）。この定義の通り、IRはデータを収集して実態を把握するだけ、問題の原因を特定するだけでは完結せず、IRで得られた知見は、具体的な形で大学運営や教学マネジメントに実際に活用される必要があります。

　こうした実践志向の強さは頻繁に強調されますが、IRを進めるに当たっては、基礎的な研究の知見に基づくモデルや理論を参照することが欠かせません。たとえば、授業改善を目的として学生の実態を把握しようとする際には、教授学習理論や青年期の発達に関するモデルに基づき、どのようなデータを収集し、それをどのように分析するか、さらには、得られた結果をどのように解釈するかを決定していく必要があります。基礎的な研究から見出された理論やモデルを無視して調査や分析を進めてしまうと、それこそ実践的に価値のない「リサーチ」になってしまいます。

　それでは、どのような理論やモデルを参照すればよいのでしょうか。日本で行われた研究を参照したいところですが、IRに関連する基礎的な研究はまだあまり蓄積されていないのが現状です。IRが進んでいるアメリカやヨーロッパ、オーストラリアのものを参照することもできますが、文化や言語、社会構造などの違いは大きく、簡単には利用できないことも多いでしょう。こうしたことを考えると、現在、日本の高等教育機関においてIRを担っている人々は、「実践的であり、かつ基礎的なリサーチ」を進めていく必要があります。

　しかし、そもそも理論と実践とは対立するものなのでしょうか。心理学者のクルト・レヴィンは「優れた理論ほど実践的なものはない」と述べています。しっかりとした基礎的研究によって提出された理論であれば、それはおのずと実践的な価値をもつことになるのです。IRについても、実践的な側面をあまりに強調し、場当たり的な「リサーチ」を進めてしまうのではなく、現実を見据えつつ、しっかりとした基礎的研究を進めていくことが、より実践的価値の高い取り組みへとつながっていくのかもしれません。　　　（川那部）

Q71 学生支援

ピア・サポートとはどのようなもので、どのような効果があるのでしょうか。

A 近年の高等教育進学率の上昇に伴い、多様な学習履歴を持つ学生が多く大学に入学してきています。大学には、目的が不明確な学生、学習意欲が乏しい学生、学力が不足している学生、発達上の問題を有する学生、精神的な問題を抱える学生などが多数存在しています。そのような状況下で、最近の注目すべき傾向として、ピア・サポートなど、学生自身を、学生支援の取り組みや正課教育・正課外の諸活動、さらには大学教育の運営に参画させ、彼らのモチベーションや学習に取り組む積極的な態度を、その相互関係の中で高めていこうとする試みが広がってきています（川島、2010）。2008年に行われた調査によると「ピア・サポートなど、学生同士で支援する制度の実施状況」は、大学全体で21.3％（国立45.1％、公立17.1％、私立18.2％、短大8.3％、高専23.0％）で、絶対数としてはまだ約5分の1の機関ですが、前回調査（2005年）の12.9％から見ればその広がりの早さを伺うことができます（日本学生支援機構、2009）。

ピア・サポートの内容としては、新入生の適応支援、**リメディアル教育***や**初年次教育***などでの学習支援（メンター）、オープンキャンパスやキャリアガイダンスなどのイベント企画・運営、学修・進路・心理面・生活面などの問題に応答する「何でも相談室」における支援などさまざまなものが挙げられます。実施形態としては、大石ら（2007）が指摘するように、①全学の活動としてピア・サポートがあり、ピア・サポーターの養成を進めている例、②すでにある組織（サークル活動やティーチング・アシスタント制度など）を生かして学生のピア・サポーター養成を行い、活動を行う例、③希望者を募り、ピア・サポーター養成を行い、特にピア・サポートチームは作らず、自主的な活動に任す例などが挙げられます。

ピア・サポートの教育的効果について、第一に、サポートを受ける学生にとって、身近な先輩がサポートしてくれることで教職員とは異なる安心感や親近感を覚えることができます。第二に、同じ学生であるサポーター自身の経験や失敗を

もとにサポートが行われるので、学生がつまずくポイントを押さえた適切なサポートが可能になります。第三に、ピア・サポートの最大の効果は、**汎用的技能***の獲得や学力面での向上などサポーターである学生自身の成長です（山田、2010）。

大学の中でこうした学生による学生支援の仕組みを教職員が適切に構築・支援することで、学生の適応促進や成長の機会につながると思います。　　　　（山田）

Q72　　　　　　　　　　　　　　　　　　　　　　　　　　　　学生支援

エンロールメント・マネジメントとはどのようなものでしょうか。

A　エンロールメント・マネジメント*は、IRの主要な活動と位置づけられ、組織的に学生のニーズや課題を把握し支援を行うという特徴があります（Howard、2001）。

エンロールメント・マネジメントでは、学生の入学前から卒業後までのデータが活用されます。学生の入試成績、入学前の大学に対する意識、在学中の成績、出席状況、相談履歴、授業評価、課外活動の状況、奨学金受給状況、進路、卒業後の満足度などです。これらのデータを分析し、入試広報、授業内容、中途退学防止、就職支援、奨学金制度に関する施策など学生に対する具体的な支援策を提供します。そのためには、入試、教務、学生支援などのさまざまな学内部署と連携することが求められます。

エンロールメント・マネジメントの概念が提起されたのは、1970年代のアメリカのボストン・カレッジと言われています（Henderson、2008）。当時、ボストン・カレッジは、志願者の減少、退学者の増大、社会的評価の下落により経営危機の状態にありました。そのような状況のなか、入試部長に着任した数理物理学者のマグワイアが、数理モデルに基づく分析や多変量解析を行い、募集活動と学生支援に関して総合的な戦略を打ち出しました。そして、このエンロールメント・マネジメントの手法が、他の大学に広く普及しました。

エンロールメント・マネジメントは、安定的に学生を受け入れ、在籍させ、卒業させるという大学の基本的な運営に関わる概念です。中途退学率の高いアメリ

カにおいて、中途退学率を減少させて授業料収入を安定化させることも期待されて発展したと言えます。しかし、日本においても山形大学や京都光華女子大学のようにエンロールメント・マネジメントという用語を取り入れて総合的な支援を実践する大学が増加しています。　　　　　　　　　　　　　　　　　　（中井）

Q73　　　　　　　　　　　　　　　　　　　　　　　　　　　学習環境

ラーニング・コモンズの効果をどのように検証することができるのでしょうか。

A　近年、**ラーニング・コモンズ***が、学生の主体的な学習を促す場として注目を集めています。たとえば、国際基督教大学の図書館は学習のためのさまざまなスペースがあり、図書が置いてあるだけでなく、コンピュータが備え付けられているスタディ・エリアやグループ学習のためのスペース、ライティングをサポートするためのスペースなどがあります。なお、大学によっては図書館以外の場所にこうした学習のためのスペースを設けているところもあります。

　ラーニング・コモンズの効果を検証する指標としてまず考えられるのは、利用学生数や本の貸出冊数が挙げられます。たとえば、上田・長谷川（2008）はいくつかの大学のラーニング・コモンズの事例について検討していますが、そこではラーニング・コモンズを開設したことで入館者数や貸出冊数が増加したことが示されています。そして、こうした指標を分析する際には利用者の属性について掘り下げて分析することが重要でしょう。たとえば、のべ利用者数が多かったとしても、それが一部の繰り返し訪れる学生によるものであれば、全学的な学びの改善にはつながっていないことになります。ラーニング・コモンズの利用を促している授業科目数なども把握しておくとよいでしょう。

　また、学生の主体的な学習という観点をふまえると、こうした外形的な指標だけでなく、ラーニング・コモンズを利用することで学生の学びにどのような変化があったのかを検証することも重要だと言えます。協同での学習や学生同士の議論の増加、自主的な学習時間の増加など主体的な学習の指標としてはさまざまなものが考えられますが、自大学の教育目標に基づき効果を検証していけばよいで

コラム⑨

データから、教育改善に資する情報へ

　データをどうすれば教育改善につなげられるのでしょうか。データそのものは無機質なものです。たとえば、新鮮な魚を手に入れたとしても、調理の方法を知らなければ、そのための道具や材料がなければ、またその技術がなければ、それは誰の口に運ばれることもなく腐っていくのを待つだけになります。データについても同じことが言えます。

　データはあくまで情報を生み出す素材でしかありません。たとえば、下表のようにデータを Excel 上に整理したとします。これだけでは何も見えてきません。この素材を調理する必要があります。もちろん素材の良さによっては、鮮度の高いお刺身として美味しくいただくことはできるわけですが。

　素材を活かすために、適切な調理法や材料を選択する必要があります。また、調理の前提として、最終的に何を作りたいのかを決めなければなりません。調査で言えば「目的」や「問い（仮説）」に相当します。たとえば「入試形態による成績の差はあるか？」と問いを立てます。そこで、入試形態を独立変数、成績を従属変数とした一要因分散分析を行います。結果、成績の平均値は、一般入試 1.9、推薦入試 4.1、AO 入試 5.0 となり、一般入試による入学者は推薦や AO 入試による入学者の成績よりも低いことが示されました。こうして、無機質なデータ（素材）を教育改善に資する情報（美味しい料理）へと導くことが可能になります。また、より美味しく食べてもらうために、盛りつけるお皿や出す順番、雰囲気などにこだわることも大切です。　　　（山田）

表　データを Excel で整理した段階

No.	性別	入試形態	学年	満足度	成績
1	男	推薦	1	4	4
2	男	一般	2	2	1
3	女	一般	2	3	3
93	男	一般	2	3	4
94	男	AO	4	5	5
95	女	一般	3	3	2

しょう。ただ、こうした視点でラーニング・コモンズの効果を検討している国内の研究や取り組みは少なく（奥田、2012）、今後の実践・研究の蓄積が待たれます。学生によって利用のタイミングや利用の仕方、そして学びの変化の在り方が異なることをふまえると、まずは個人の変化を丁寧に把握できるインタビュー調査を行うことが有益だと考えられます。 (岡田)

Q74　　　　　　　　　　　　　　　　　　　　　　　　　学習環境

学生寮の効果はどのように評価されていますか。

A　学生寮に入ることのメリットとしては金銭面での負担の軽さが挙げられます。また、寮の方が安心・安全ということもあるでしょう。寮以外の一人暮らしと比べ、こうした金銭面や安全面でのメリットは明らかですが、それ以外に学生にどのようなメリットがあるのかについては十分に研究がなされていません。

　学生寮で生活をする学生は一般学生、運動部の学生、留学生など寮によってさまざまですが、共通しているのは生活の中に共同という側面が含まれていることです。見ず知らずの人と同じ場所に住むという経験は多くの学生にとって初めてのものであり、そのことは学生の意識や行動にも大きな影響を与えています。たとえば、東京理科大学の基礎工学部では1年次に全寮制を取り入れており、4人一部屋で生活をすることになります。こうした共同生活はコミュニケーション能力や協調性を高めるだけでなく、成績にもポジティブな影響を与えているようです。また、立命館アジア太平洋大学では、留学生と日本人学生が生活を共にする学生寮（APハウス）があり、寮生活を通じて異文化コミュニケーション能力や語学力を身につけられます。

　自分力開発研究所が2011年に実施した一人暮らしの学生と寮の学生を比較した調査では、寮の学生の方が顕著に「バランスのよい食事をとっている」ことや、「心をオープンにできる」「夢や目標がはっきりしている」といった項目で得点が高くなっていることが示されています。また、企業の採用担当者に対する印象

もよいようです。この結果を見ると、寮には生活環境が整っているだけでなく、他学生と交流する中で自分を他者に開示する力がついたり、将来について話し合うことで夢や目標が明確になるといったよい影響があるものと推察されます。ただし、寮を選択する学生とそうでない学生ではそもそも性格や考え方などに違いがあるという可能性もあり、そのさらなる調査が求められます。

また、寮はある意味閉鎖的な場であり、寮の雰囲気もメンバーに左右されます。よい雰囲気であればよいのですが、雰囲気が悪くなることやその雰囲気に馴染めなくなる学生が出てくる可能性もあります。こうした問題を把握するためにも、寮の学生の声を拾えるような場や機会を設けていくことが重要だと言えます。

(岡田)

Q75 学習環境

全面禁煙化に向けた指針を策定するには、どのようなデータを活用すればよいでしょうか。

A 近年、人々の健康増進や福祉の向上の観点から、これまでキャンパスで分煙システムを導入していた大学の中で全面禁煙化（スモークフリー化）が進められています。キャンパスの全面禁煙化にいち早く取り組んできた諸外国に続き、日本でも着手している大学が増えています。こうした禁煙化政策は、喫煙者はもとより受動喫煙による非喫煙者の健康確保を重視していますし、より広い視点から見れば、医療費などの社会的コストを抑制することにもつながると言われています。

大学で指針を策定するには、まず喫煙に関する実態の把握が必要でしょう。学生、教職員、その他の大学構成員の喫煙状況をアンケートなどで調査することは基本的な方法ですが、喫煙所設置の観点から、捨てられている煙草の吸いがらの量や場所などの事前調査を行うことも有効です。

アンケートは、大学構成員の喫煙経験者数、学年別・年齢別・性別の喫煙経験率、現在も吸っている学生・教職員数、初めて喫煙した年齢、喫煙継続者の禁煙意思、非喫煙者で周囲の者が喫煙者である状況などが主な項目として想定されま

す。たとえば、学内の保健センターなどと連携をし、定期健康診断時に調査を行うことが合理的な方法でしょう。喫煙が個人的な嗜好であることを考慮し、無記名式で行われることが一般的なようです。

　一例として、立命館大学では、喫煙状況の実態調査をふまえ、①健康と社会に対して喫煙が与える害について、学園構成員に教育し、啓発する、②受動喫煙による健康被害から非喫煙者を守る、③新たな喫煙者を発生させない教育、啓発を行う、④喫煙者の禁煙を支援する、という取り組みを推進しています。なおかつ、同大学は全面禁煙化への道を3段階に分け、① 2008年9月1日から「喫煙シェルター」以外での喫煙を禁止する、② 2010年4月1日から教職員のキャンパス内禁煙を実施する、③ 2013年4月1日からキャンパス内を全面禁煙とする、というステップにより、キャンパス内の全面禁煙化を推進しています。　　　（鳥居）

Q76　研究活動

大学の研究活動実績を測るには、どのようなデータを集めればよいでしょうか。

A　研究活動は大学の主要な活動の1つであり、その活動実績を大学単位で他大学と比較を行うこともあります。大学間比較の1つである**世界大学ランキング***では、各大学の研究力指標として次のようなデータを用います。また、これらの数値を教員数で割ることにより、大学の規模によらない比較が試みられることもあります。

- 論文数
- 論文被引用数
- 特定の有名論文誌に掲載された論文数
- 外部資金獲得数

　国内独自の指標には、科学研究費補助金の採択状況（件数、金額）がしばしば使われます。すべての分野に適用できることは長所と言えますが、採択金額に注目した場合は分野により金額が異なる傾向があるため注意が必要です。　　　（藤井）

Q77　研究活動

大学全体の論文数はどのように数えたらよいでしょうか。

A　まず、何を「論文」とみなすかは、研究分野により慣例が異なり、著者たる教員本人の判断によらざるをえません。総合大学では、研究分野の多様性に配慮し、この点には慎重になるべきです。査読有無、主著者であるかどうか、招待論文かどうか、紀要を含めるか、など数え上げの基準も併記しておくとよいでしょう。主著者かどうかの判断も、著者集団の一番目に名前が上がっていることで機械的に決定することはできません。

組織の論文数は個人の論文数を数えるのとは別の方法で数えることがあります。一般に大学ランキングなどで用いられる大学の論文数は、論文データベースの検索結果に基づいています。どの論文データベースを用いたかは、ランキングの算出方法に記載されています。論文データベースの違いによりますが、日本語で書かれた論文はデータベースに含まれていないことがあるなど、専門分野によってはデータベース検索結果が実際の論文数より少なくなることがあります。

次に共著者の扱いについては、複数教員で共著発表した論文を数える際に、各人が1報と数える方法と、按分する方法とがあります。大学全体の論文数を求められている場合は、自大学内の複数人で共著した論文はその大学で1報と数える方法、すなわち按分法が一般的なようです。

外部からの調査で、大学教員や学生の論文数を求められることがあります。これに対応する際には、教員本人が責任をもって作成した論文リストを提出させ、それをもとに数えるのが最も確実です。提出された論文リストから対象人数分を結合し、そこから学内の研究者同士で共著したために重複している論文を除去するなど、調査元からの指示に従って再計算したものが最終的な回答となります。

（藤井）

Q78 研究活動

インパクト・ファクターはどのように利用すべきでしょうか。

A 　論文が引用されることを被引用といい、引用される回数すなわち被引用数は、それが多いほど一連の研究の中で当該論文が重要視されていることを意味する数字、すなわち研究の影響度を表す数字として解釈されています。

　被引用数は、論文データベースである Web of Science や Scopus などを用いて調べます。Google Scholor でも調べられます。被引用数を調べたい論文を検索すると、その論文が何回引用されているかが書誌情報とともに表示されるようになっています。データベース提供者により対象とする論文雑誌の範囲が違うため、データベースが異なると被引用数は多少変化します。

　被引用数は日々増加するため、この数について言及する場合は、何年何月から何年何月までというように期間を明記するか、何回以上という表現を用いるのが一般的です。

　インパクト・ファクター*は、ある雑誌に含まれる基準年の論文数と、それらの論文が引用された合計数とから算出する値で、雑誌ごとに与えられます。ガーフィールドが1955年に考案した、学術雑誌の重要度を比較するための指標です。通常使われるのは3年分の被引用数を用いて算出された値です。この値は1年に1回更新されます。トムソンロイターのデータベースである JCR（Journal Citation Report）には、雑誌ごとのインパクト・ファクターが掲載されています。大学図書館でこのデータベースを契約していれば閲覧可能です。

　インパクト・ファクターは、元々は図書館が購入雑誌の選定のために使用していたものです。研究者が自論文の投稿先となる雑誌を選択する際に、インパクト・ファクターの数値を見比べてより重要な雑誌に決めるという場合にも用います。しかし、教員の発表論文掲載雑誌のインパクト・ファクターを合計してその数値を研究者個人の指標として用いるのは誤りであるというのが、データベース発行元トムソンロイターの見解です。インパクト・ファクターは雑誌に与えられるものであり、その中に含まれている個々の論文に対する値ではないからです。

論文の引用数を加味した指標で研究者個人の評定をしたい場合は**h 指数**[*]などを用いるのがより適切です。ただし、h 指数も研究歴の長い研究者ほど値が大きくなる傾向があることが指摘されています。

なお、研究分野により1論文あたりの引用量に違いがあるため、引用数による指標は研究分野の異なる研究者間の比較には適さないことにも留意する必要があります。

(藤井)

Q79　研究活動

論文におけるファースト・オーサーに関する考えは学問分野によって異なるのでしょうか。

A　複数人による共同研究で一本の論文を発表した場合、最も貢献度の高い著者を「ファースト・オーサー（第一著者）」と呼びます。これは、共著論文で著者を列挙する場合に、最も貢献度の高い著者を一番目に書き、二番目以降に貢献度の高い順に著者を並べ、全体を統括した指導的役割の著者を最後に書く、という習慣からきています。最後に書かれた著者のことを「ラスト・オーサー」と呼びます。

しかし学問分野によっては、著者の並び順で筆頭の人間が、最も貢献度の高い著者ではない場合もあります。物理学などでは伝統的に、複数の著者をアルファベット順に並べて記載することになっており、著者の並び順は貢献度とは無関係です。

著者の並び順にかかわらず、貢献度が最も高いことを意味する表現として、主著者を意味する「プライマリ・オーサー」や「責任著者」という名称もあります。

また、論文には「コレスポンデンス・オーサー」や「別刷り請求先」と呼ばれる役割の著者がいることがあります。論文の読者が著者チームに問い合わせをしたい場合の連絡先を示すという実用的な意味もありますが、多くは貢献度が高い著者がこの役割を担うため、共著者の中で貢献度の高い著者を識別する情報として用いられることがあります。大学院の学生が「ファースト・オーサー」の場合は、指導教員が「コレスポンデンス・オーサー」になることも多いようです。こ

れらの役割の著者も貢献度が高いとされており、学問分野によっては研究者個人の業績リストに、コレスポンデンス・オーサーである論文を含めることが慣習になっていることもあります。　　　　　　　　　　　　　　　　　　　（藤井）

Q80　研究活動

論文数を学問分野を超えて比較することができますか。

A　研究成果の1つに論文がありますが、論文の発表頻度、文字数、共著・単著などは研究分野により異なるため、単純に論文数の多寡でもって分野間の成果を比較することは適切ではありません。たとえば発表頻度で見ると、*Chemical Physics Letters* は、1週間で3号、2週間で1巻を発行している発表頻度の高い雑誌で、これに掲載されている論文は速報性の高い内容の4ページ前後のものです。また、ビッグサイエンスと呼ばれる学問分野では、200名を超える共著の論文もありますが、その一方で文系の学問分野では単独で書籍を1冊出版することがあり、研究者一人がその論文にどの程度貢献したのかを単純に比較するのにも難しい面があります。

量ではなく質で比較しようとした場合には、論文の引用を考えます。多く引用されている論文は質が高いという考え方で、**h指数**＊などはこれに基づいています。しかし、引用を多くする研究分野とあまりしない分野とがあるため、これも現段階では学問分野を超えた指標とするのは難しい面があります。

世界大学ランキング＊を作成しているイギリスのタイムズ紙は、論文の発表頻度や引用回数文化の違いを考慮した指標の作成と利用を試みていますが、この重み付けルールが公開されていません。

以上のように、論文に関する指標を分野を超えて比較することには限界があります。このことをふまえ、国内の総合大学で、学問分野の異なる学部間の成果を比較する場合には、論文数を指標とするのではなく、科学研究費補助金獲得に関するデータを用いることが多いようです。この場合は採択件数、採択率、金額が指標として使われます。しかし、科学研究費補助金のデータは厳密には研究成果、

コラム⑩

論文リスト中の重複を発見する

　大学評価関連の資料として学部・研究科ごとの論文数の推移を作成することがあります。個人または研究室単位の論文リストを教員・研究室から提出させ、集計単位に応じてそれらを結合し、共著による論文の重複を除去するというのが作業の流れです。どの単位で集計するかは提出先によりますが、学科・専攻をまたいだ共著がある場合は、学科・専攻単位で集計した数を合計すると、学部・研究科の実際の論文数を上回ることになります。

　余談ですが、論文リスト作成依頼の際に、単著か共著かの違いを尋ねる欄を設けることがよくあります。すると単著とはどういう意味かと聞かれます。一部の理系の研究室ではたった一人で論文を書くということが想像できないようですが、文系では当たり前にありうることなので、と説明をします。

　さて、提出されたリストをもとに、重複した論文を発見する作業に入ります。まずは人数分のリストを結合します。重複論文発見のためによく行うのは、リストを Excel に移しての並べ替えです。同一論文の重複を一番発見しやすいのは、論文の掲載ページをキーにして並べ替えをすることです。実は論文題名で並べ替えをすると、題名が引用符で囲われていたりいなかったり、ある人は「3」と書いたものが別の人は「Three」と書いていたり、と書き方に統一性がなく、手間がかかるからです。開始ページも終了ページも全く同じだが全く違う論文ということもごくまれにあるので、これでも万全ではありません。また、ある人は掲載ページを「印刷中」「in press」としたまま提出したが、別の人は後日判明したページ数を記入しているという場合もあるので、掲載ページとは別のキーでの並べ替えも必要です。別のキーは雑誌名にすることが多いです。雑誌名は省略されているもの（たとえば *J. Biol. Chem.*）と正式名称のもの（*Journal of Biological Chemistry*）があるため1列追加して修正雑誌名を入れてから並べ替えをします。このように並べ替えを繰り返して、論文リスト中の重複を削除し、水増しのないよう論文数を数えるのです。

　　　　　　　　　　　　　　　　　　　　　　　　　　　　（藤井）

つまりアウトプットによるものではなく、インプットによるものであることに注意が必要です。
(藤井)

Q81　教員

外部の調査で求められる専門分野別教員数をどのように回答したらよいでしょうか。

A　ある大学が適切な教育・研究を行っていることを示すためのデータの1つに当該分野の教員を不足なく揃えているかというものがあります。このため、学外からの調査で専門分野別教員数を聞かれることがあります。国の統計調査で、3年ごとに実施される学校教員統計調査でも、専門分野別教員数が調べられています。

　教員の専門分野は外側からはわかりにくいことが多く、たとえば文学部の教員が全員「文学」を専攻しているわけではないなど、単純ではありません。担当している講義名とも完全には一致しません。

　教員の専門分野をある程度機械的にかつ実情に近い形で把握する方法として、科学研究費補助金に応募する際の分野・細目を利用するものがあります。総合領域、複合新領域、人文学、社会科学、数物系科学、化学、工学、生物学、農学、医歯薬学の10分野の下に分科が70あり、研究分野を網羅しています。細目の追加・削除・変更は頻繁に行われることはなく、約10年ごとに行われてきました。研究者はこの分野・細目のうち1つを選んで科学研究費補助金を申請しますので、事実上、これが研究者本人により申告された専門分野と言えます。

　科学研究費補助金に応募する際の専門分野は、教員一人ひとりに問い合わせて調べる以外に、学内の既存データから得ることができます。大学の教員総覧データベースに登録されているデータなどです。研究推進係などで科学研究費補助金申請時のデータを取りまとめている場合は、そこからデータを抽出することができるでしょう。
(藤井)

Q82

教員

教員の業績を効率的に収集する方法はありますか。

A 外部からの要請に基づき、教員の業績として著書・論文の数やそのリストの提出が求められることがしばしばあります。部署によっては、学部紀要やセンター年報などの形で毎年、教員業績リストを収集・公開しているところもあります。外部調査の場合は、要請元が異なると、集計の定義が異なることがあります。海外で発表された論文のみを回答する、准教授以上の職階の業績に限る、といったように条件が付されるなどです。このため、調査依頼が来るたびに条件に合わせてその都度業績を収集していては、収集する方もされる方も作業が煩雑になります。

定義が変わっても再集計により対応できるようにするためには、①論文リストを教員から提出してもらい一旦リストが提出されたらそこから再集計する、②予想される項目はあらかじめ提出してもらう、の2点の徹底が効果的です。

よくある集計項目は、国内論文か国際論文か（執筆言語か雑誌発行元で分類することが多い）、単著か共著か、発表年度などです。付される条件には、提出する単位（学科ごとなど）内の共著は論文1本と数え人数分合算しない、というものがあります。

論文リストを教員に提出させる代わりに、学内の教員総覧のようなデータベースを活用し、必要に応じて教員総覧から抽出してデータを作成するという方法もあります。ただし、教員による教員総覧への入力が完了していることが条件となります。

これ以外に、ResearcherIDやScopusなどの商用データベースを活用する方法があります。国内の雑誌であれば、国立情報学研究所のCiNiiが利用できます。教員IDを作成すれば、自動でその教員が著者として発表した論文を収集する機能を備えたものがあり、IDごとにリストを出力することで教員本人が個別の論文を正確に入力しなくても済むという利点があります。

（藤井）

Q83

教員

研究面だけで個々の教員を評価すべきでしょうか。

A 国立大学の法人化や**認証評価***の導入以前には、大学教員は主に採用時や昇進時に研究業績を中心に評価されていました。しかし近年、多くの大学で、教育や研究活動の改善を目的とした定期的な教員評価制度が導入されるようになりました。2008年時点では、8割の国立大学、4割弱の私立大学、3割弱の公立大学において教員評価制度が導入されています（嶌田ら、2009）。評価項目についても、研究以外に教育、管理運営、社会貢献などが使用されています。また、学問分野によっては臨床が加わる場合もあります。

　大学教員をどのように評価するのかという問題は、そもそも大学教員はどうあるべきかという観点で考える必要があるでしょう。なぜなら評価の対象となるものは、大学が組織として教員に期待する役割を示すことになるからです。

　アメリカでは、1990年ごろに教員はどうあるべきかという観点から教員評価についての問題提起がなされています。大学教員が、研究によって新たな知識を創り出すことは重要ですが、それ以外にも重要なことがあります。たとえば、学問分野を超えて知識の意味を明らかにしたり、知識を実際の社会において活用したり、知識を次の世代に継承したりすることです。カーネギー教育振興財団の理事長であったボイヤーは、これらを発見の学識、統合の学識、応用の学識、教育の学識と呼び、大学教員にとってこの4つの学識が本質的かつ相互補完的なものであることを主張しました（Boyer, 1990）。そして発見の学識に関する業績に偏った評価制度を批判し、大学教員の広い役割が評価されるべきであると提唱しました。このボイヤーの主張は、多くの大学に影響を与えることになりました。

　統合、応用、教育の側面をどのように評価したらよいのかという技術面での議論は残されています。しかし、大学が組織として教員にどのような役割を期待するのかという観点で教員評価の課題を考えてみる必要があるでしょう。その観点に立てば、研究面だけで個々の教員を評価するのは適切とは言えないでしょう。

（中井）

Q84 教員

ティーチング・ポートフォリオを導入するにはどのように進めればよいでしょうか。

A ティーチング・ポートフォリオ*は、アメリカで普及し、近年、日本の大学にも導入されつつあります。教員業績評価のうち教育活動の評価に用いるための資料や、**質保証***の根拠資料にできる利点があるとされていますが、主な作成目的は教員自身の教育改善の手がかりとすることです。

導入を検討する際には、入力項目およびそれらの必須・任意の選定をし、書きやすいフォーマットと分量について調べた上で、導入後の効果を見積もるとよいでしょう。導入が決定したら、ポートフォリオの作成方法などを教員に周知するワークショップをFD*の一環として開催することも必要です。

オンライン上のポートフォリオを検討する場合は、シラバスや成績評価、**学習ポートフォリオ***との連携も視野に入れるべきでしょう。ある授業名をクリックすると、教員であればシラバス作成画面、授業記録入力画面、成績入力画面が表示され、学生であればシラバス閲覧画面や、学習記録の入力画面が表示されるといった具合です。

また、このポートフォリオは教員が自らの振り返りのもとに作成するものなので、教育活動の自己評価には適しています。しかし教育業績の査定に用いることを前面に押し出すと、正確なポートフォリオ作成が妨げられるという懸念もあります。これに対処するにはポートフォリオ導入時に教育業績の査定に組み込む具体的なガイドラインを示すことが重要で、それに沿った運用をすべきです。

(藤井)

Q85 教員

教員の個人評価を給与などに反映した方がよいでしょうか。

A 近年、教員の個人評価が進んでいる中で、すぐれた業績を残した教員に対して表彰するだけでなく、報奨金を出したり、給与や賞与を連動させたりする大学が増加しています。たとえば、すぐれた教育実践を行っている教員や外部資金の獲得実績の多い教員が対象となります。

このような制度は、成果主義賃金制度の1つとして考えることができます。成果主義賃金制度は、企業においても導入してもうまく運用できずに軌道修正する例が見られます。学校教育においては、メリット・ペイ問題と呼ばれて議論されています（宇佐美、1989）。アメリカにおいては、1920年代以降すぐれた教員に対して特別の報酬を支給するメリット・ペイの導入が何度か試みられましたが、定着することなく衰退する場合が多かったようです。その理由として、教員が学習者を報奨金獲得の手段として見るようになる、教員の本質的な動機づけにはならない、教員間に敵対関係を生み出す、教員の職能成長に悪い影響を与える、教員と管理職の関係が悪化する、教員の達成能力を公平に評価することが困難である、教員組合の協力を得られないなどの多くの点が挙げられています。一方で、長い歴史の教訓として、メリット・ペイを成功させる諸条件も明らかにしてきました。日本の大学におけるメリット・ペイ問題は十分に検討されていない状況ですが、アメリカの学校教育の事例から学べることは多いと思われます。

また、日本の大学の一部で導入されている外部資金の獲得実績の多い教員への報奨金に関しては、外部資金に伴う間接経費が大学に入るため、その一部を教員に還元するという仕組みです。この制度に対しても、外部資金の獲得金額は研究成果の優劣を示すものではない、学問分野によって必要な研究経費は異なる、外部資金獲得に目を向けると堅実な研究活動が衰退するなどの批判があります。

教員の個人評価を給与などに反映するという制度には、さまざまな論点と課題があります。導入を検討する際には、それらをふまえた慎重な取り扱いが必要と言えるでしょう。

（中井）

Q86 管理運営

大学の意思決定においてデータや情報はどのように利用されるのでしょうか。

A まず、大学の意思決定におけるデータや情報の利用のあり方は、利用する主体が設定した目的によって一様ではないと言えるでしょう。ここでは、大学の**内部質保証***の実現に向けた意思決定プロセスに関与する人々を主体と見なします。

たとえば、ある大学が学生の正課における学習成果だけではなく、正課外の学習成果も含めて総合的な成長を支援することをミッションに掲げているとします。その場合、理事や学長、事務局長などのいわゆるトップ・マネジメントに相当する人々の意思決定では、学生全体の成長を網羅しかつ俯瞰したデータや情報が求められます。具体的には、大学からの支援に対する学生の総合的な満足度や、高校の後輩にも入学を推奨するかどうかなどを卒業時のアンケートで尋ねた、どちらかと言えば全体状況を俯瞰するようなデータです。このようなデータは、大学の提供するサービスについて検証する上で、執行部からの関心が非常に高いものです。こうしたデータや情報を手がかりに、トップ・マネジメントは大学の大きな方向性やビジョンを再検討することに活用していると見なせるでしょう。

それでは、学部長や研究科長、事務局であれば部長、次長や課長などのミドル・マネジメントではどうでしょうか。統括する組織の範囲が狭まることに伴い、日常的に参照するデータの範囲も限定的になるでしょう。先ほどの卒業時のアンケートにおいても、関係する学部や部署のデータはもとより、専門領域が近い他学部のデータなどが比較検討の観点から求められることになるでしょう。

しかしながら、大学の内部質保証のアクターという観点に立てば、意思決定プロセスにおけるトップ・マネジメントやミドル・マネジメント以外の人々の関与も無視できないでしょう。具体的には、一般の教職員や学生、大学院生、その他の利害関係者としての卒業生などがそれらに相当します。現時点では、日本における個々の大学のさまざまなデータへのアクセス権限や利用に関するルールの明確化がまだ十分とは言えません。しかし、今後、これらのことがらが整備されて

いくにつれて、どのような主体が各々にとって有用なデータや情報に基づきながら、いかにして大学の意思決定に関与していくべきかという議論も進展していくことでしょう。
(鳥居)

Q87　管理運営

中長期の目標を策定するにあたってどのような分析が必要でしょうか。

A　高等教育機関において次期の目標を定める際には、外部環境および内部要因の分析に視点を投じながら、当該機関のミッション、ビジョンに照らしつつ、現行の中期目標・計画の達成度の分析を行うことが必要になるでしょう。たとえば、学生の卒業率や就職率、学習成果にかかわる向上策などについて、目標・計画と進捗状況とのギャップ分析を行った上で、目標達成に向けた組織としての戦略的なアプローチが妥当かどうかを検証・調整し、次の戦略を定めることになります。

機関の戦略は、外部環境分析と内部要因分析のマトリクスによって成長戦略、改善戦略、退避戦略、撤退戦略の4つに区分されます（龍・佐々木、2002）。まず、外部環境分析の結果は、組織が生き延びるスペースがある成長機会と、落ちたら組織が破滅の危機にさらされる致死脅威とに分けられます。そして、内部要因分析の結果は、競合機関と比較して自分の組織が有する優れた資源である比較優位（強み）と、劣っている資源である比較劣位（弱み）に分けられます。このうち、成長戦略が採られるのは、成長機会と比較優位が組み合わさった場合です。また、改善戦略は成長機会と比較劣位が組み合わさった時に採られます。そして、退避戦略は、致死脅威と比較優位が組み合わさった場合に選択されます。さらに、撤退戦略は致死脅威と比較劣位が組み合わさった場合に採られる戦略です。

これら4つの戦略をいかに適切かつ適時に決定し、それに対応した中長期の目標を設定するかが、その機関の社会における存続を左右するとも言えるでしょう。その意味でも、機関の意思決定を支えるIRの機能は不可欠です。学生の定着率や転学率、就職率などの基礎的な成果の検証をはじめ、学習成果の形成や測定に

取り組む教職員への支援を含んだより精緻な成果の検証など、IR 部門が手がけるプロジェクトに戦略的計画の基盤を見出すことができます。　　　　　（鳥居）

Q88　　　　　　　　　　　　　　　　　　　　　　　　　　管理運営

ベンチマークを行う際、比較対象となる大学をどのように選ぶのが妥当でしょうか。

A　ある大学の状況を客観視する方法の1つとして、外部に参照基準を設定するベンチマークは有効でしょう。特に、自大学と類似している同僚機関を選ぶことによって、比較検討の有効性を高めることができると言えます。具体的には、ミッション、目標、設置形態、歴史・沿革、戦略計画、地域性、立地、規模（学生数や教職員数）、学部や研究科の構成・数、専門分野、カリキュラム、教授法、財政、施設・設備などの側面において似ている大学が対象になります。

一般的には、伝統的に「競合校」と目されてきた他大学や大学群との比較が見受けられます。たとえば、国立大学であれば、「旧7帝大」と呼ばれる旧制帝国大学を母体とする7大学は、これまでにもよく比較対象にする際の1つのグループとされてきました。国立大学全体では国立大学法人の財務分析上の分類といわれる8つのグループ分けもあります。また、私立大学の場合は、関東であれば「MARCH」と呼ばれるグループが、関西であれば「関関同立」と称されるグループがそれに相当します。これらのグループは、それぞれの志願者動向や学部・学科の開設・再編動向などを注視しながら、日ごろから自大学の位置を相対化していると言えるでしょう。

ただし、同一条件のもとで精度の高いベンチマークを行うためには、共通した指標によるデータの収集・共有を行うことが前提となります。もっとも、学内のデータを他大学とどこまでどのように共有するかについては、別途、議論が必要になるでしょう。このような議論を経て、将来的に、情報管理ガイドラインなどが策定され、機関のデータの「壁」が部分的にも取り払われることで、互いの意思決定に資するようなデータの収集・共有が進めば、日本の大学における IR の

ネットワークが飛躍的に広がることが期待できます。

　データの中には個別の大学の数値が公開されないものがあります。しかし、平均値ならば得られるというものもあり、その場合、全国平均や、特定の大学グループ平均との比較を行うという方法も有効です。たとえば、就職率は文部科学省統計で全国平均値が公開されていますし、医師国家試験合格率は厚生労働省が発表しています。
　　　　　　　　　　　　　　　　　　　　　　　　　　　　　　　　（鳥居）

Q89　　　　　　　　　　　　　　　　　　　　　　　　　　　　管理運営

同窓生からの寄付や資金調達の向上策を練るには、どのようなデータを活用すればよいでしょうか。

A　今日、大学が厳しい経営環境におかれている中、同窓生に対して母校への物心両面における継続的な支援者としての役割が期待されています。日本でも大学の周年事業の一環として、大学と卒業生との関係強化をはかる機会を持つことが増えています。

　一方、大学同窓会に関して約 200 年の歴史を持つアメリカでは、同窓生たちが母校に対してどのように考え、いかに振る舞い、何をもたらしてくれるのかという問題は、早くから大学関係者の関心事でした。また、そうした問題は同窓会運営の改善をねらいとする実践的な研究の対象にもなっています（鳥居、2013 a）。1821 年のウィリアムス・カレッジで初めての同窓会が設立されて以降、同窓会の組織化が進んだアメリカでは、同窓生ないし同窓会を対象とした研究が蓄積されています。特に「Alumni Studies」と呼ばれる卒業生調査を中心とした卒業生研究は、当該大学の業績の測定と次期計画策定への活用という観点から、IR の主要な研究テーマの 1 つとなっており、それぞれの時代が大学に対して要請する課題に対応して同窓生に関する実践的な研究が積極的に手がけられています。

　とりわけ同窓生からの寄付や資金調達に関しては、同窓生個々人の職業（過去および現職）、就業先（過去および現在）、就業年数、所得額、過去の寄付実績などに応じた協力を呼び掛けることが効果を高めることになります。とは言え、これらのデータは細心の注意を要する個人情報に相当するため、情報収集にあたっ

ては大学と同窓生との間に信頼関係が築かれていることが前提になります。特に、同窓会の組織化としっかりとしたデータ管理が鍵となるでしょう。

　もっとも、一部の篤志家からの大規模な寄付に頼るだけではなく、多様な同窓生の大学の諸活動に対する理解を基礎に、さまざまな形での広い支援を求めることが、大学の物心両面における賛同者を増やしていく上で大切でしょう。そのためにも、同窓生からデータを一方向的に収集するのではなく、大学の諸活動や成果を示すデータや情報を同窓生に積極的に提供していく姿勢が求められます。

（鳥居）

Q90　　　　　　　　　　　　　　　　　　　　　　　　　　管理運営

大学の経営状態の課題を発見するにはどのような方法がありますか。

A　少子化の影響などにより定員割れとなる大学が増加しています。2012年において入学定員充足率が100％未満の大学は、264校（調査対象大学の中では45.8％）となったことが報告されています（日本私立学校振興・共済事業団私学経営情報センター、2012）。私立大学の収入の7〜8割は学納金と言われており、入学生数の減少は経営状態を深刻化させています。

　入学定員充足率は経営状況を表す1つの重要な指標ですが、より包括的に経営状況を評価する指標が提案されています。日本私立学校振興・共済事業団の私学経営情報センターでは、学校法人が自らの経営状態の問題点を発見して、取り組むべき課題を早期に認識するための自己診断チェックリストをウェブサイトで公開しています。

　自己診断チェックリストの財務比率などに関するチェックリストでは、帰属収支差額比率、人件費比率、教育研究活動収支差額比率、積立率、流動比率などの指標に基づいて経営状態を把握することができます。指標ごとの適性値や法人自ら設定した目標値と比較した評価、過去のデータと比較した評価、全法人の中での相対評価の結果がわかります。

　また、同事業団の「私学情報提供システム」は、インターネットを通して財務

比率表、学生数の推移、活性化分析の結果などを出力することができます。また、自法人と同程度の規模や系統の３法人以上の合算値と比較することもできるようです。

(中井)

Q91　　　　　　　　　　　　　　　　　　　　　　　　　　　　管理運営

管理職に高等教育改革やIRの重要性を認知してもらうにはどうしたらよいでしょうか。

A　管理職といっても、トップ・マネジメントやミドル・マネジメントなど、立場によって認識している高等教育の問題や課題は異なるでしょう。いずれの階層の管理職が対象であっても共通して必要なことは、IR部門のスタッフとの公式あるいは非公式の「対話」の機会をつくることです。その際、IR部門が重視している高等教育全体にかかわる課題や当該機関で優先すべき課題に関連したデータや情報を携えて対話に臨むことが有効でしょう。つまり、対話のきっかけとなるような素材を持って、IRに対する理解を求めていくというアプローチです。

　たとえば、トップ・マネジメントであれば、国際的かつ全国的に注目されている高等教育の課題とは何であるかを報告することにも大きな意義があるでしょう。2012年8月に出された中央教育審議会の答申では、学生の「質を伴った学修時間」をどう確保するかが主な論点の1つとなっています。学習時間の長さにかかわる国際データ、全国データに加えて、当該機関のデータがあれば、それらを対比して提示することにより、管理職の問題意識を高めることが期待できます。ミドル・マネジメントであれば、より深い階層の学部・学科レベルの学習時間に焦点を当てることになるでしょう。学生の学習成果の指標の1つである量としての学習時間についての議論をふまえて、質としての学習の中身に話題が広がっていけば、次なる調査テーマが生まれるかもしれません。そのようなプロセスの中で、徐々にIRの重要性が認識されていくことが望ましいでしょう。

　あわせて、認識の広がりを促進するためには、IR部門から管理職に対する報告書を視覚的に効果のあるものにし、また適時性を高めていくことも重要でしょ

う。管理職以外の大学関係者の認知を上げるためには、各種のセミナーやワークショップの開催が適当でしょう。いずれにしても、中心となるテーマをめぐる対話を、データや情報の提供とともにいかに展開していくかに重要な鍵があると言えます。 (鳥居)

Q92 管理運営

学内においてIRへの理解を得るにはどうしたらよいでしょうか。

A　いかに今日の高等教育政策が個々の大学に対して根拠に基づいた改善を求めていたとしても、そもそも学内にデータや指標に対する警戒心や反感があってはIRの実践や定着に向けた取り組みは進みません。データや指標が査定に直結することを心配しての警戒心や反感を軽減させないまま、ただみくもに各部署に向けて「測定可能な目的を設定してください」とか、「客観的指標を用いることが重要です」と声高に訴えても、その効果は期待できないでしょう。

そうした学内のネガティブな見方を変え、少しでも根拠に基づいた取り組みに着手してみようかと思わせるために、IRを推進する部署はポジティブな側面を詳しく説明し、人々にその利点を感じさせるようにする必要があるでしょう。

たとえば、「あらかじめ指標を設定しデータを揃えておけば、予算の要求時に要求漏れを防ぐことができますよ」、「根拠を添えればより説得力のある年度計画書を作成することができます。ひいてはそのことが予算の獲得につながりますよ」、「仮に担当者の人事異動があっても、現在の仕事の引き継ぎが楽になりますよ」などの利点を強調することは、特に日常的な大学運営を担っている職員のやる気を喚起するのではないでしょうか。

ポイントは、その担当者にとっての心理的な負荷を軽減し、まずはやってみようかなと思わせるようなメッセージをIR担当者が発信する方法にあると言えるでしょう。その際、他大学のIRの状況に目を配り、参考になる実践事例を集めておき、必要に応じて学内の教職員と情報共有することも有効でしょう。 (鳥居)

Q93 大学の外部環境

大学の偏差値はどのように算出されていますか。

A まず偏差値には、ある試験の受験者の個人の偏差値と、大学の学部や学科といった組織の偏差値の2種類があることを理解しましょう。学部や学科の偏差値は、予備校などが実施する模擬試験の受験者の個人の偏差値をもとに作成されています。受験者の偏差値は、模擬試験の得点から以下の式で求められます。参考までに、標準偏差は得点のばらつきの度合いを表す数値です。

偏差値＝（得点－平均点）÷標準偏差×10＋50

母集団の分布が正規分布である場合、偏差値70は上位2％くらい、偏差値60は上位16％くらいに相当します。この式で求められる個々の受験者の偏差値と大学入試合否追跡調査をもとに、予備校などが大学の偏差値を決めます。ある予備校の場合、合格者と不合格者の割合が半々に分かれる偏差値を、大学の偏差値としています。つまり、偏差値が60の大学というのは、模擬試験を受験し偏差値が60である受験者が、その大学に合格できる確率が50％であることを示します。

模擬試験での個人の偏差値から算出される値をそのまま大学の偏差値とするのではなく、調整を行ってから大学の偏差値として公表している予備校もあります。なぜなら、個人の偏差値から単純に偏差値を算出してしまうと、大学や学部の入試方式によって偏差値が表面上高くなる可能性があるからです。たとえば、科目数の少ない入試を実施したり、募集人員の少ない入試を多数実施したり、特別選抜で定員を多く埋めて一般入試の合格者を減少させたりする場合、実態よりも高く偏差値が出てしまいます。

また、不合格者の少ない大学や学部に関しては、精度の高い偏差値の算出が困難なため、偏差値を公表しなかったり、ボーダーフリーと表記されたりします。

(中井)

コラム⑪

IR 担当者に求められる資質とは？

　高等教育開発に携わっていると、IR 担当者に求められる資質を聞かれることがあります。高等教育に関する知識、自大学への理解、データの分析能力がよく指摘されますが、私自身の実践経験や見聞を振り返って考えると、これらを支える基盤としての汎用的技能の果たす役割が大きいと感じています。ここでは具体的に6つ取り上げたいと思います。

　第一に、コミュニケーション能力（関係形成力、調整力）です。データを収集するため、あるいは分析結果をフィードバックするためには、関係部署との調整や協働、交渉が必要不可欠になってきます。

　第二に、論理構成力（ストーリーメイキング）です。たとえデータが揃って分析結果が導き出せたとしても、それを教育改革・改善に活用してもらうためには、所属組織の管理職などへの説得力のあるストーリーを構成しないといけません。

　第三に、プレゼンテーション力（説得力、交渉力）です。一連のストーリーはプレゼンテーションという形で管理職などへ報告・提案することになります。場合によっては、事前交渉も含めた調整が必要になります。

　第四に、課題意識力です。あまり着目されていない視点かもしれませんが、IR が組織の中で機能するためには当該組織が一定の課題（危機意識）を持っている必要があります。

　第五に、感覚や経験に飲み込まれないバランス感覚です。IR ではできる限り中立的・客観的な立場から活動や提言を行うことが重要です。ただし、大学という組織は特定の人間の感覚や経験でもって動いてしまう性質を多分に有しているためバランス感覚が必要です。

　第六に、信念と志です。IR というのは地味でありながらも大学に対して影響力を持つものです。場合によっては、大学の歴史や伝統、風土といったことをも覆しかねないような影響力を持っています。それゆえ、活動を進めていく際にさまざまな壁に直面します。それでもこうした活動が大学にとって必要である、という信念と志を持って忍耐強く取り組んでいくことが必要になります。

（山田）

Q94

大学の外部環境

ランキング機関にデータを提供する際に、留意すべきことはどのようなものでしょうか。

A 　国内外の大学ランキング機関の中には、特定の値や実態を調べるために大学へ調査票を送付し、その回答をランキング作成に使用するところがあります。たとえば、国内では朝日新聞出版『大学ランキング』、読売新聞社『大学の実力』などがこのような手法でランキング用データの一部を収集しています。

　データの提供を求められた場合に気をつけるべきことは、算出方法や基準日など指示されたデータ定義をよく確認して、正確な値を提出することに尽きます。また、空欄での提出をできるだけ避けるようにすることも重要です。

　ランキングの順位を上げたいという思いから、値が大きく出そうな算出方法を用いて計上した数値を提出したくなることがあるかもしれません。しかし、そのランキングが何年も続くものであれば、毎年同じような算出方法により好ましい値を得ることができるとは限りません。したがって、このような操作は避けるべきでしょう。

　多くのランキングは複数の項目ごとに得点を与え、それらの合計で総合順位を出すという方式を採用しています。マスコミで大学ランキングの結果が報道される場合は、総合順位がとりあげられることが多いようです。１つでもデータを提供しない項目があると、その分が合計点に合算されず、総合順位に大きく影響することもあるため、データを出さないことを決断するのには熟慮が必要です。

(藤井)

Q95 大学の外部環境

世界の大学ランキングをどのように考えるべきでしょうか。

A 日本の大学が認証評価*や国立大学法人評価*などの国内の制度上の評価に対応している間に、世界の主要大学を評価してランキングしようとする機関が増えています。このような**世界大学ランキング***は、市場型大学評価と呼ばれることがあります。

ランキング機関は、大学や民間企業など多様ですが、それぞれ独自の基準を用いて大学の活動を評価しています。論文数、論文被引用数、教員学生比率、留学生比率などの指標や、世界の研究者に分野内の評判を聞いて数値化した指標などを利用しています。また、大学のウェブサイトの充実度という観点から評価しているものもあります。

たとえば上海交通大学によるランキングでは、教育の質を測定する指標としてノーベル賞およびフィールズ賞を受賞した卒業生数を使用しています。またパリ国立高等鉱業学校のランキングでは、世界的企業のCEOに何人の卒業生がいるのかという点が評価の基準となっています。

さて、このようなランキングについてどのように考えればよいのでしょうか。「大学の質は1つの尺度では測定できない」、「その指標では本当の質は測定できない」、「大学の規模を考慮していない」などと指摘して、このようなランキングを批判するのは容易でしょう。しかし、社会に大学についての情報への要求があることを考えると、単に批判するだけでは十分でないでしょう。

一方で、あるランキングでの順位を誇らしげに広報したり、目標とする順位やその到達予定年度を公表したりしている大学もあるようです。このような行為は、現状の大学ランキングを無批判に正当化してしまうことになります。

大学ランキングは、世界のトップ大学と比較して自身の大学にどのような特徴があるのかを明らかにする1つの参考資料にはなりそうです。一部のランキングでは、ウェブサイトに、総合順位のみではなく項目別の評価指標が公開されています。

2006年には、「高等教育機関のランキングに関するベルリン原則」が制定されています。これは大学ランキングのあり方を16項目に分けて提案しているものです。そのベルリン原則を用いてランキング自体をランキングする研究者も出てきており、ランキング機関も評価される時代に入ったと言えます（Stolz et al.、2010）。 (中井)

Q96　IRの組織体制

IR部門はどのような形態が理想的なのでしょうか。

A　IR発祥のアメリカでは、IRを担う組織を設置し、専門家を置くことが一般的となっています。たとえば、IR部門の標準的な形態として図2の配置が挙げられています（Volkwein、2008）。IR室長を筆頭に、全米の中等後教育総合データシステム（IPEDS）など外部機関への情報提供を所掌する「学外・学内報告」部門、意思決定支援などベンチマーキングやプランニングを所掌する「計画・特別企画」部門、**データウェアハウス***の構築によるデータの統合化など各種データベースを所掌する「データ管理・技術支援」部門、アウトカムアセスメントなど各種調査・研究を所掌する「調査・開発」部門の4つが挙げられています。

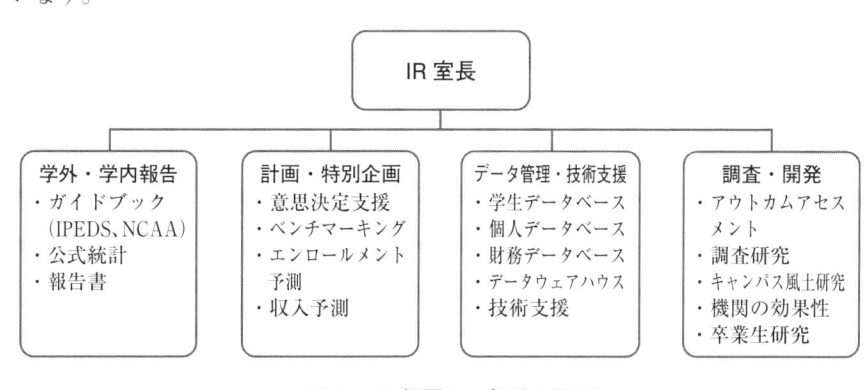

```
                        IR 室長
        ┌──────────┬──────────┼──────────┬──────────┐
    学外・学内報告  計画・特別企画  データ管理・技術支援   調査・開発
    ・ガイドブック  ・意思決定支援  ・学生データベース   ・アウトカムアセス
     (IPEDS、NCAA) ・ベンチマーキング ・個人データベース    メント
    ・公式統計    ・エンロールメント ・財務データベース   ・調査研究
    ・報告書      予測        ・データウェアハウス  ・キャンパス風土研究
                ・収入予測     ・技術支援       ・機関の効果性
                                     ・卒業生研究
```

図2　IR部門の一般的な配置

また、設置場所についてですが、アメリカの大学1050校を対象に行った調査（AIR、2008）によると、図3のように教学部が約半数を占めていることがわかります。

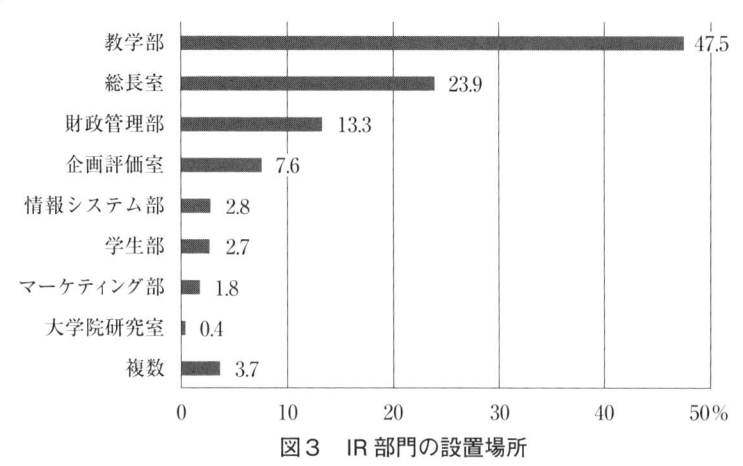

```
教学部              47.5
総長室        23.9
財政管理部   13.3
企画評価室  7.6
情報システム部 2.8
学生部      2.7
マーケティング部 1.8
大学院研究室 0.4
複数        3.7
         0   10   20   30   40   50%
```
図3　IR部門の設置場所

　日本では、IR部門を設置している大学は少数となっています。しかし、組織を作らなければならないのか、作ればよくなるのかといった声もよく聞きますし、多くの研究者が「必ずしもその必要はない。機能として回っていることが重要。必ずしもIRと呼称しなくとも、多くの大学ではすでにIRに相当する取り組みが行われている」といった指摘をしています。特に、アメリカのように専門職文化が発達しておらず、意思決定においてトップダウンよりも同僚性が重視される日本の大学風土の中では、データを持つ各部署が機能としてIRを実装することが重要と思われます。その一方で、各部署での分散化された取り組み（部分最適解）のみでは、大学全体としての統一性が保てず、結果的に人・物・金・情報が非効率的に運用され、逆に現場が混乱するといったことも十分に考えられます。組織と機能双方の利点・欠点をふまえつつ、全体としての最適解を志向する必要があるでしょう。
　　　　　　　　　　　　　　　　　　　　　　　　　　　　　（山田）

Q97　IRの組織体制

全学的なIR部門を設置する以外に、どのような体制でIRを推進することができますか。

A　諸外国を見渡せば、IRの推進担当部署はそのすべてが大学の中央部門に一元的におかれているとは限りません。たとえば、イギリスのキングストン大学はIRの機能をHigher Education Policy and Practice Network（HEPP）と呼ばれる学内外の関係者を結ぶネットワークという形で発揮しています（杉本・鳥居、2013）。2004年に組織されたHEPPは、高等教育の研究と実践において戦略的、運営的かつ開発的な関心を持つスタッフのためのネットワークです。HEPPは、当時の副学長が主導して学内に組織された高等教育研究者・実践者などからなる機関横断的なグループであり、学習・教授の研究・実践に携わっています。

図4のように、多様な専門分野のスタッフから構成された学際的なネットワークとなっており、各分野の教育や専門実務にも十分に目配りされています。研究のコアメンバーは40名であり、FP*部門所属の研究スタッフらも含まれます。キングストン大学のHEPPは、高等教育研究に関心を持ち、そこへの主体的な参画を望む個人間の連携を指向している点でユニークなIRの体制の例だと言えるでしょう。

出所：杉本・鳥居（2013）

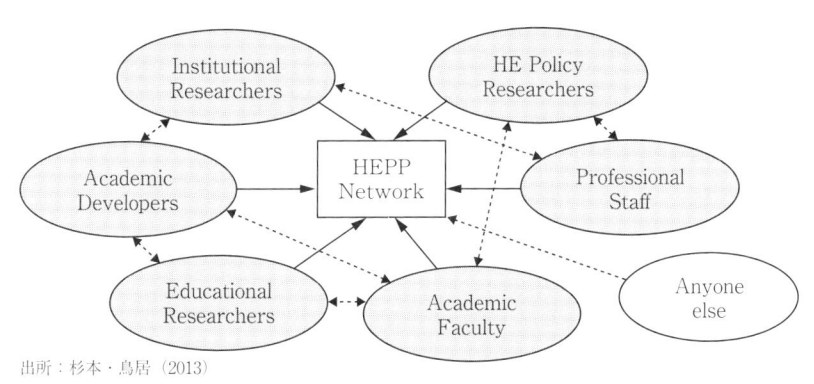

図4　HEPPネットワークに参画する人々の関係

HEPPの具体的な取り組みには、研究セミナーの開催や、IRや政策研究の推進、外部資金情報の提供などがあります。これらを通じて、高等教育研究に関心を持つ人々を増やし、同大学における高等教育研究の共通基盤を形成することを目指しています。高等教育政策の動向および課題を広い視野から捉え、柔軟かつ有機的な構造を持つHEPPは、IRや高等教育研究における関係構築、新しいスキルの習得、および能力形成を行うための双方向的で支援的な「第三の場所（third space）」の創出を主な目標の1つに据えています。さらに、高等教育の現実の課題に根差しながら、データに基づいた実践的な研究を進めることに強調点をおくことによって、IRに関心を持つ学外の人々とのネットワークの拡大も進められています。 (鳥居)

Q98　IRの組織体制

日本にはIRがいつ頃どのように紹介されたのでしょうか。

A　日本でIRについて最初に紹介されたのは、40年以上も前になります。高等教育研究機関として日本で最初に設置された広島大学大学教育研究センター（当時）の『大学論集』にアメリカにおけるIRを紹介した「アメリカにおける『大学研究』の展開—序説」という論文があります（喜多村、1973）。日本の高等教育研究の萌芽期にすでにIRが紹介されていたのです。

　その論文では、アメリカにおける大学研究の動向を検討し、1960年代後半から大学研究が独自の学問分野として認識され急速に発展したことが紹介されました。そして、急速に大学研究が展開した理由として、3種類の大学研究が相互に影響したことが指摘されました。3つの大学研究は、高等教育研究（Research on Higher Education）、管理運営面を主体とした自己調査（Institutional Research）、大学改革や政策立案などの形成に関わる自己検討（Self-Study）です。

　その時に紹介されたIRは、「個別の大学の目標達成を妨げ、あるいは大学の資源、財源の有効な利用を低下せしめている欠陥を明らかにするために、大学の運営の実態を徹底的に精査すること」とされていました。IRの具体的な機能は、

「大学経費、教育プログラム、教育政策の及ぼす影響力、学生の性格と学力との相関関係、スペースの有効利用、管理当局の諸決定が及ぼす効果、支出経費と結果との関係など、大学の政策形成や意思決定の基礎となるデータや調査を提供するもの」とされていました。高等教育研究との比較からは、特定の大学を研究対象としている点、大学の管理運営部門の一部に置かれている点、大学運営にどの程度寄与したかに価値が置かれている点などがIRの特徴として挙げられていました。この論文ではIRと略して記述することはありませんでしたが、日本語の定訳を作らなかったため、結果として現在IRと呼ばれるようになった1つの要因と言えるでしょう。

　この論文は、現在でも広島大学のウェブサイトで全文が公開されています。当時のアメリカにおけるIRの論点が丁寧に整理されており、現在の日本のIRを考える上でも示唆を与える論文です。　　　　　　　　　　　　　　　（中井）

Q99　　　　　　　　　　　　　　　　　　　　　　　　IRの組織体制

IR担当者にはどの程度の統計に関する専門性が求められるのでしょうか。

　A　データ収集と分析はIRの主要な要素の1つであり、この業務を遂行するためには一定の専門性が求められます。とは言え、IR担当者は統計学の研究者ではないので、分析について必ずしも数式レベルで理解している必要はありません。まずは目的やデータの特性に応じて適切な分析方法を選択できるようになること、分析に必要なソフトウェアを使いこなせるようになることを目指しましょう。

　こうした専門性は適切なデータ収集や分析を行う際にももちろん必要になりますが、分析結果を報告し納得してもらう際にも非常に重要になります。大学にはさまざまな学問領域の専門家がおり、同じデータでも学問領域によって分析の流儀が異なったりします。また、必ずしも教職員のすべてが統計学の素養を持っているとは限りません。そのため、結果を報告する際には素朴な疑問から専門的な疑問までさまざまな疑問が投げかけられる可能性があり、IR担当者はそうした

質問に答えられる必要があります。この時にうまく説明できないと、そもそもデータや分析結果を信頼してもらえず、改善のための判断材料として活かしてもらえないという事態に陥ってしまう可能性があります。

また、データや分析の**妥当性***を説明できるだけでなく、そのデータの性質や調査方法自体がもつメリット・デメリットについても説明できることが重要です。たとえば、アンケート調査のデータはある現象の全体的な傾向を把握するのには向いていますが、その現象を詳細に記述することには向いていません。一方、インタビュー調査は現象を詳細に記述できますが、少数のインタビューのみから結果を一般化することは困難です。このように、それぞれのデータには制約がありますが、そのことをふまえた上で何がわかるのかを伝えることも、結果を信頼してもらうためには必要です。

こうしたことを考えると、IR担当者の統計に関する専門性は高いにこしたことはありません。しかし、そのようなIR担当者を見つけることは容易ではないかもしれません。その場合には、学内の統計の専門家と連携したりアドバイスを得たりしながら進めるのも1つの方法だと言えます。自大学の教員の研究テーマや論文などを調べてみれば、どの大学でも統計分析に長けている専門家は見つかるでしょう。

(岡田)

Q100　IRの組織体制

IRに関する知識や技能を身につけるためにどのような機会がありますか。

A 　IRに関する知識や技能を身につけるには大きく2つの機会があります。1つは、学外の機会を利用することです。最近では、表7のようにIRに関する研究会やセミナーなどが定期開催されるようになってきました。これ以外にも、個別大学が主催するIRをテーマにした単発型の講演会・研修会も増えてきていますし、海外の学会（たとえば、AIR(Association for Institutional Research)など）でも有益な知識や情報を得ることができます。

表7　IRに関する研究会やセミナー

名　称	特　徴
大学評価担当者集会	2007年度から九州大学を中心に年に一度開催されている評価担当者の情報交換・議論の場。2010年度には「大学評価コンソーシアム」が組織されている。会員数は90機関208名（2013年4月現在）。
大学情報・機関調査研究集会／International Conference on Institutional Research and Institutional Management	機関調査に関する研究者および実務家が集まる研究交流集会および国際会議。2012年より年に一度開催されている。
東北大学専門性開発プログラム	大学教職員の専門性開発のために、4つのゾーン、14のカテゴリーに構造化し、各種セミナーやワークショップを提供。2013年度からは履修証明プログラムとして「大学教育人材育成プログラム」が開始。
SPODフォーラム	四国地区大学教職員能力開発ネットワーク（SPOD）が主催する年に一度開催されるイベント。IRを含めさまざまな実践的なプログラムを提供している。

　いま1つは、組織内部での機会、すなわちOJT（On-the-Job Training）です。IRは、純粋な学術研究とは異なる実践志向型のリサーチ活動になります。現状において、IRの実践は多くの大学で模索期にあり、業務の定型化やルーティン化が行われているとは言い難い状況です。また、現実的には少数のスタッフ（教員・職員）で、それぞれの大学の文脈・状況に応じた活動を展開する必要があり、外部で得た知識や情報をそのまま使えないといったことも指摘されています。それゆえ、学内で可能な限り教員・職員協働型のチーム編成を行い、各種取り組みを通じて相互の能力開発を行うことが有効と思われます。　　　　　　　　　（山田）

コラム⑫

教職員が協働してIRを開発するということ

　私がチーフを務めているIRプロジェクトは、大規模私立大学のFD担当組織の中に置かれ、複数名の教員および職員で構成されている特定プロジェクトです。教員と職員とが各々の職能や強みに応じて分担しながら、教学領域のIRの開発をチームで進めています（鳥居、2013b）。

　ここであえて専門性と言わず強みとしたのには理由があります。あくまでも私たちのIRプロジェクトの一例に過ぎませんが、個々の教員はそれぞれの学問領域に根差した探究の視点や、自らの授業経験から得た気付きなどを教学IRの開発場面に持ち寄ります。それは、学習・教授をめぐる問題の捉え方、仮説の立て方、優先的な課題設定の方法、課題へのアプローチ、集めるべきデータの特定、分析方針の設定といったことがらです。

　一方、職員は教員が持ち寄るちょっととんがったアイデアに、前任部署などでの実務経験をもとに現実味を与えていくことに強みを発揮します。決して教員に現場感覚がないという意味ではありませんが、自大学の組織文化や意思決定のあり方に通じた職員組織の支えがあるからこそ、IRの障壁を手堅く丁寧に取り除いていくことが可能だと考えています。とくに、私自身何度も助けられているのですが、学内の不要な対立を未然に防ぐという点です。これは、データや情報に基づいた対話を恒常的なものにしていく上で、単に関係者間の軋轢や行き違いを回避するということだけでなく、長い目で見ればIR開発にかかるコストを下げることにもつながります。

　もちろん、予算や法規などの視点から「できる／できない」を判断するといった職員の貢献も欠かせません。学生募集、入試、学生生活支援、キャリア支援などの担当者をはじめ、IRの基盤となる情報システムの担当者との組織を横断した連携も非常に重要です。教員と職員が「ああだ、こうだ」と言い合いながら教学IRのリサーチ・クエスチョンを生み出していく過程は、さながらゼミのようであり、私にとってわくわくする時間です。　　　（鳥居）

第3部　IR実践のための資料

3.1 アンケート調査票の作り方

アンケート調査は、調査者が作成した調査票に回答してもらうことでデータを集める方法です。一度に多くの人からデータを集められるという利点があり、大学でも頻繁に利用されています。

アンケート調査では、調査設計、データ収集、分析前準備、分析、情報提供のそれぞれの段階で留意すべき点がありますが、ここでは調査設計段階における調査票の作成について取り上げます。なぜなら、調査票をうまく作成できているかどうかが、アンケート調査の成功に大きく関わっているからです。

ここでは、調査票を作成する際に留意すべき基本的な内容を5つにまとめて提示し、実際に学生調査で使用できるサンプル調査票を紹介します[†]。

(1) 適切な分量にする

アンケート調査では、調査で具体的に調べたい項目を網羅しなければなりませんが、質問項目が多いと回答者の負荷は高くなります。そのため適切な分量にするというのが重要になります。

調査票は、A4で6〜8枚程度におさまるようにし、回答時間も15分程度、長くても30分以内で回答できるものにした方がよいでしょう。ただ、調査目的によっては回答に時間を要する場合もあります。その際は、図書カードや謝金などの謝礼を提供することも検討しましょう。

> **サンプル調査票を見る際のポイント**
> サンプル調査票は、全体でA4で6枚、回答時間を15分程度と想定しています。

(2) 適切な質問項目の表現、個数、妥当性を検討する

質問項目で用いる表現や言葉によって回答は異なってきます。質問文を作る際には、質問の意味が明確に回答者に伝わるか、一度に2つ以上の事項を聞いていないか、特定の回答に誘導していないか、答えにくいことを聞いていないかなど

[†] サンプル調査票は、実際の複数の学生調査を参考に作成しています（ベネッセ教育研究開発センター、2008; 岡田ら、2011; 杉谷、2009a; 山田、2013a）。

に注意しましょう。

　アンケート調査においては、あることを知りたいときにいくつぐらいの質問項目で尋ねるべきかという問題があります。「通学時間」や「入学時の本学の志望状況」などの具体的な質問の場合は、1つの質問項目で聞くことができます。しかし、汎用的技能や学習態度などの抽象度が高い問いに対しては、学生が理解できる具体的なレベルまで噛み砕いた質問項目を作成することが重要です。また、そのような場合は必然的にある程度の質問項目数を必要とします。

　さらに、知りたいと思っていることがその質問項目で本当に測定できているのかを確認しましょう。これを妥当性の問題といいます。この問題でつまずかないためには、まず測定したい対象をきちんと定義し、それに含まれる要素を明確にしておくことが必要です。

> **サンプル調査票を見る際のポイント**
> サンプル調査票のQ8では、汎用的技能という抽象度の高い技能を身につけたかどうかを回答させています。そのため、学生が身につけるであろう汎用的技能を、問題解決能力、外国語運用能力、ストレス耐性、専門知識・技能、チャレンジ精神、数理的能力、社会的モラル、リーダーシップ、コンピュータリテラシー、計画的行動に分類し、それぞれ3問の質問項目を配置しています。

(3) 回答形式を選択する

　アンケート調査において回答形式は、さまざまなものがあります。回答形式によって、得られる情報量、適用できる分析方法、回答者の負荷が異なりますので、調査の目的と照らし合わせて選択しましょう。

①選択法：複数の選択肢の中から選ばせる方法
②順位法：たとえば重視する順に順位をつけさせるなど、複数の項目に順位をつけさせる方法
③評定法：「1．まったくあてはまらない」「2．あまりあてはまらない」「3．ややあてはまる」「4．とてもあてはまる」などの段階を設けて、どれか1つに○をつけさせる方法
④数値配分法：あらかじめ回答者に一定の数値を与え、自宅6、図書館3、学

表1のように重要だと思う程度に応じて数値を配分させる方法
⑤自由回答法：単語や文を記入させる方法

> **サンプル調査票を見る際のポイント**
> サンプル調査票では、Q1からQ5が選択法、Q6からQ9が評定法、Q11は選択法と自由回答法を混合した回答方法を使用しています。

(4) 適切な順序で質問項目を配置する

調査票を作成する際には、どのように質問項目を配置するかにも留意する必要があります。配置の順序によってはアンケートが答えにくいものになってしまったり、回答に悪影響が出る可能性もあります。質問の配置については、次のようなガイドラインがあります（鈴木、2012）。

①簡単な質問から難しい質問へ
②事実に関する質問から意見・意識・感情に関する質問へ
③一般的な質問から個別（特殊）質問へ
④過去に関する質問から現在の質問へ
⑤知識に関する質問は後半に配置
⑥重要な質問は中間に配置
⑦プライバシーにかかわる質問はできるだけ最後の方に配置
⑧デモグラフィック特性に関する質問は最後に配置
⑨総合評価と個別評価の並べ方に注意
⑩キャリー・オーバー効果に注意

デモグラフィック特性とは、人口統計学的特性とも言われ、年齢、性別、学歴、職業、所得、家族構成などが含まれます。所得などデリケートな項目について尋ねる場合には最後に配置した方が回答への拒否が生じにくくなります。

総合評価とはたとえば大学生活全体に対する満足度で、個別評価とは具体的な教育内容や学習環境などの個別の側面に対する評価のことです。良い悪いといった評価を求める際は、総合評価から個別評価の順に尋ねるとよいとされています（鈴木、2012）。

キャリー・オーバー効果とは、持ち越し効果とも言われ、先行する質問項目の内容が後続する質問項目への回答に影響を与えることを言います。たとえば、内容が近いことを尋ねている項目は、離して配置するなどの工夫が求められます。

> **サンプル調査票を見る際のポイント**
> サンプル調査票は、質問の配置のガイドラインにそって作成されています。Q6からQ8では、キャリー・オーバー効果を防ぐために、類似する項目を意図的に連続しないようにしています。

(5) 情報の扱いに関して説明する

　得られたデータをどのように管理し活用するのかはあらかじめ回答者に説明しておく必要があります。アンケート調査の冒頭で以下の点について明記しておくとよいでしょう。

　①第三者にデータが流出しないよう管理すること
　②個人の回答が特定できるような分析は行わないこと
　③分析結果は目的外のことに利用しないこと
　④回答者に不利益が生じないこと
　⑤回答は強制ではないこと
　⑥調査実施者の連絡先

> **サンプル調査票を見る際のポイント**
> サンプル調査票の表紙に、アンケート調査のお願いとして、調査の目的とともに調査で得られた情報の扱い方について説明しています。

【サンプル調査票】

アンケート調査のお願い

　このアンケート調査は、本学の学生の学習実態を把握することを目的としています。調査結果は大学教育の改善や研究目的に限って活用します。アンケートでは、学習実態と学業成績などとの関連を明らかにするため、学籍番号を記入することをお願いしていますが、データは調査実施部署が責任をもって管理し、匿名化した上で統計的な分析を行うため、個人の回答が調査実施部署以外に流出することはありません。また、回答は大学での成績評価とも一切関係ありません。あなたが考えていることを正直に回答してください。なお、回答したくない場合は何も書かずに提出してください。アンケート調査の結果をもとに本学の教育改善を進めたいと考えていますので、ご協力をよろしくお願いします。

2013 年 1 月 5 日
学習実態検討委員会
お問い合わせ：iroffice@qauniv.ac.jp

Q1．現在のあなたの住まいについて、あてはまる数字に○をつけてください。

1	自宅	2	一人暮らし
3	大学の寮	4	大学以外の寮
5	その他（　　　　　　　　　）		

Q2．通学時間について、あてはまる数字に○をつけてください。

1	30 分未満	2	30 分～1 時間未満
3	1 時間～1 時間半未満	4	1 時間半～2 時間未満
5	2 時間～2 時間半未満	6	2 時間半以上

Q3．入学時の本学の志望状況について、あてはまる数字に○をつけてください。

1	現在の学部・学科が第一志望だった	2	本学の別の学部・学科が第一志望だった
3	他大学が第一志望だった		

Q4．入学時の気持ちに最も近い数字に○をつけてください。

1	ぜひ入りたいと思って進学した	2	まあ満足して進学した
3	やや不満足だが進学した	4	やむをえず進学した

Q5. 学期中の大学外での過ごし方について、以下のことをする時間は1週間で何時間くらいになりますか。それぞれについてあてはまる数字に○をつけてください。

	0時間	1時間未満	1〜2時間	3〜5時間	6〜10時間	11〜15時間	16〜20時間	21〜25時間	26時間以上
01. 授業時間以外の学習時間	1	2	3	4	5	6	7	8	9
02. 「授業時間以外の学習時間」のうち、授業の予復習や課題に当てる時間	1	2	3	4	5	6	7	8	9
03. 「授業時間以外の学習時間」のうち、授業以外の自主的な勉強に当てる時間	1	2	3	4	5	6	7	8	9
04. サークルや部活動	1	2	3	4	5	6	7	8	9
05. アルバイト	1	2	3	4	5	6	7	8	9

Q6. あなたはこれまで大学で次のような授業を経験しましたか。それぞれについてあてはまる数字に○をつけてください。

	ほとんどなかった	あまりなかった	ある程度あった	よくあった
01. インターネットやメールなどを利用して、授業以外でも教員や学生がコミュニケーションがとれる授業	1	2	3	4
02. グループワークなどの協同作業をする授業	1	2	3	4
03. ディスカッションの機会を取り入れた授業	1	2	3	4
04. プレゼンテーションの機会を取り入れた授業	1	2	3	4
05. 毎回、授業内容に関するコメントや意見を書く授業	1	2	3	4
06. 学期末以外にもテストが課される授業	1	2	3	4
07. 学期末以外にもレポートが課される授業	1	2	3	4
08. 学生の意見や授業評価の結果を反映させた授業	1	2	3	4
09. 高校で勉強する教科の補習授業	1	2	3	4

10. 自分の進路や適性について考える授業	1	2	3	4
11. 授業時間内に教員と学生のコミュニケーションがとれる授業	1	2	3	4
12. 少人数のゼミ・演習形式の授業	1	2	3	4
13. 上級生や下級生と授業時間内にコミュニケーションがとれる授業	1	2	3	4
14. 大学での勉強方法を学ぶ授業	1	2	3	4

Q7．あなたは大学の授業に普段からどのように取り組んでいますか。それぞれの項目について、あてはまる数字に〇をつけてください。

	まったくあてはまらない	あまりあてはまらない	まああてはまる	とてもあてはまる
01. 授業中に私語をしない	1	2	3	4
02. 授業とは関係なく、興味を持ったことについて自主的に勉強する	1	2	3	4
03. レポートやテストを提出する前に見直す	1	2	3	4
04. 授業でわからなかったことは、自分で調べる	1	2	3	4
05. 履修登録した科目は途中で投げ出さない	1	2	3	4
06. 授業中に黒板に書かれていない内容もノートに取る	1	2	3	4
07. できるかぎり良い成績を取ろうとする	1	2	3	4
08. 授業に遅刻しないようにする	1	2	3	4
09. グループワークやディスカッションでは、異なる意見や立場に配慮する	1	2	3	4
10. クラス全員の前で、積極的に質問や発言をする	1	2	3	4
11. 授業で出された宿題や課題にきちんと取り組む	1	2	3	4
12. グループワークやディスカッションで自分の意見を言う	1	2	3	4
13. 授業でわからなかったことは先生に質問する	1	2	3	4
14. グループワークやディスカッションには、積極的に貢献する	1	2	3	4

15. 自分の意思で継続的に勉強する	1	2	3	4
16. 授業で配付された資料などを整理する	1	2	3	4
17. 授業に必要な教科書、資料、ノートなどを毎日持参する	1	2	3	4
18. 資格や免許の取得をめざして勉強する	1	2	3	4
19. 授業の予習をする	1	2	3	4
20. グループワークやディスカッションでは、進んでまとめ役をする	1	2	3	4
21. 授業の復習をする	1	2	3	4
22. 大学以外の学校などに通って勉強する	1	2	3	4
23. 授業で興味を持ったことについて自主的に勉強する	1	2	3	4
24. 計画を立てて勉強する	1	2	3	4

Q8. あなたは以下のことについて、大学生活全体を通じてどの程度身についたと思いますか。それぞれの項目について、あてはまる数字に○をつけてください。

	まったく身につかなかった	あまり身につかなかった	ある程度身についた	とても身についた
01. 自分の知識や考えを図や数字を用いて表現すること	1	2	3	4
02. 専門分野で注目されている最新の問題を知っていること	1	2	3	4
03. うまくストレスに対処できること	1	2	3	4
04. 絶えず自分を変えようとすること	1	2	3	4
05. 専門分野に対する知識を深めること	1	2	3	4
06. 自ら先頭に立って行動し、グループをまとめること	1	2	3	4
07. 悩みをため込まないこと	1	2	3	4
08. コンピュータを使って文書・発表資料を作成し表現すること	1	2	3	4

09.	外国語で読み、書く力	1	2	3	4
10.	問題を解決するための数式や図・グラフを利用すること	1	2	3	4
11.	専門分野で仕事・研究を行うための基礎的な知識・技能	1	2	3	4
12.	締め切りに間に合うよう着実に行動すること	1	2	3	4
13.	ストレスを感じることがあっても気持ちを切り替えること	1	2	3	4
14.	不正は絶対にしないという態度を持つこと	1	2	3	4
15.	現状を分析し、問題点や課題を明らかにすること	1	2	3	4
16.	周囲の目がなくてもルールを守ること	1	2	3	4
17.	物事の進捗状況をみながらスケジュールの管理をすること	1	2	3	4
18.	集団内の人間関係をうまく調整すること	1	2	3	4
19.	筋道を立てて論理的に問題を解決すること	1	2	3	4
20.	自分の限界に挑むこと	1	2	3	4
21.	仮説の検証や情報収集のために、実験や調査を適切に計画・実施すること	1	2	3	4
22.	外国語で聞き、話す力	1	2	3	4
23.	自分で目標を設定し、計画的に行動すること	1	2	3	4
24.	社会のルールにしたがって行動すること	1	2	3	4
25.	コンピュータを用いた十分なプレゼンテーションスキル	1	2	3	4
26.	コンピュータを使ってデータの作成・整理・分析をすること	1	2	3	4
27.	集団の中でも自分の意見を主張すること	1	2	3	4
28.	チャレンジ精神を持つこと	1	2	3	4
29.	ものごとを批判的・多面的に考えること	1	2	3	4
30.	外国人とコミュニケーションをとる力	1	2	3	4

Q9. 現在の大学生活についてどのくらい満足していますか。それぞれの項目について、あてはまる数字に○をつけてください。

	とても満足している	まあ満足している	あまり満足していない	まったく満足していない
01. 大学生活全般に対する満足度	1	2	3	4
02. 教育内容やカリキュラムについて	1	2	3	4
03. 教員との関係について	1	2	3	4
04. 施設や設備の充実度について	1	2	3	4
05. 大学生活のサポートについて	1	2	3	4

Q10. あなたの所属する学部の教育目標をおぼえていますか。あてはまる数字に○をつけてください。

1	おぼえている	2	見たことはあるがおぼえていない
3	見たことがない		

Q11. あなたは現在資格の取得を目指していますか。あてはまる数字に○をつけてください。また、資格の取得を目指している人は資格名を記入してください。

1	目指している 資格名　（　　　　　　　　）	2	目指していない

Q12. 大学卒業後はどのような進路を希望していますか。最も希望しているもの1つに○をつけてください。

1	民間企業	2	公務員
3	教員	4	大学院進学
5	その他（　　　　　　　　）		

Q13. 大学の学費は誰が負担していますか。あてはまる数字に○をつけてください。

1	全額家族が負担している	2	部分的に家族が負担している
3	全額自分で負担している	4	その他

Q14. 学籍番号を教えてください

Q15. 今回のアンケート調査をさらに掘り下げるためのインタビュー調査に協力していただけますか？ 協力してもよいという方は数字に○をつけてください。

1	協力してもよい

アンケート調査は以上です。ご協力ありがとうございました。

3.2 効果的なグラフの選び方

　IRの実践では、分析結果を効果的に情報提供することが求められます。その際に、視覚的に結果の概要を把握できるグラフや図は強力なツールです。

　グラフには多様な種類があり、それぞれ特徴があります。取り扱うデータと目的に応じて適切なグラフを選択することは、情報を正しく伝え、その説得力を高めることに役立ちます。ここでは、10種類のグラフを具体例とともに紹介します。また、下記にグラフ作成時のポイントを示しましたので参考にしてください。

① 棒グラフ　　　　　　項目ごとの数値がわかる。
② 折れ線グラフ　　　　数値の変化の推移がわかる。
③ 円グラフ　　　　　　全体の中での構成比がわかる。
④ 帯グラフ　　　　　　全体の中での構成比の違いがわかる。
⑤ ヒストグラム　　　　データの分布状況がわかる。
⑥ レーダーチャート　　複数の指標のバランスがわかる。
⑦ 散布図　　　　　　　データの分布や相関関係がわかる。
⑧ バブルチャート　　　散布図の各点の大きさがわかる。
⑨ パレート図　　　　　項目ごとの数値により、項目の重要度がわかる。
⑩ 統計地図　　　　　　地域ごとの数値がわかる。

グラフ作成時のポイント

・グラフが示す内容をタイトルにし、グラフの下に記す。
・出所や注がある場合はその内容を加える。
・座標の説明とその単位を軸の外側に記し、目盛りも付ける。
・小数点のある数値の表記と有効桁数は、数値の性質を考慮して決める。
・グラフの数値が実数か構成比率かの区別がわかるようにする。
・グラフの表示がカラーなのか白黒なのかに応じて見やすい色やパターンを使用する。

① 棒グラフ

棒グラフは、項目ごとのデータの大小を比較する際に用います。横棒か縦棒かに特別な違いはありませんが、項目数が増えると横棒グラフの方が見やすくなります。

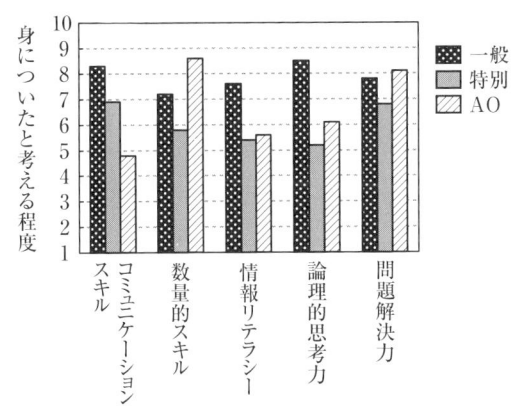

図　入試方式別の汎用的技能の習得状況

② 折れ線グラフ

時間経過に伴う数値の変化を把握する場合は折れ線グラフを用います。横軸は時間の経過、縦軸は数値の大きさを示します。

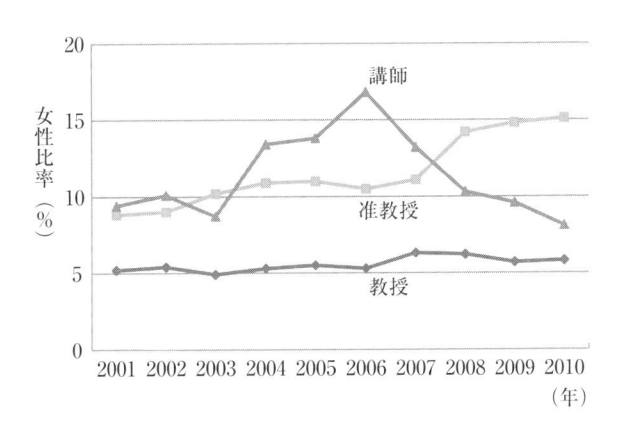

図　女性教員比率の推移

③ 円グラフ

割合を把握する場合は円グラフを用います。比率を確認するためのグラフなので、比率を書き添えましょう。

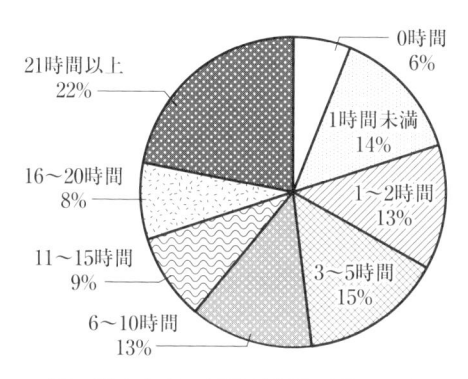

図　週あたりの授業外学習時間の分布

④ 帯グラフ

複数の集団における割合の比較をしたい場合は、円グラフを各集団ごとに作成するよりも、帯グラフを用いる方が見やすくなります。

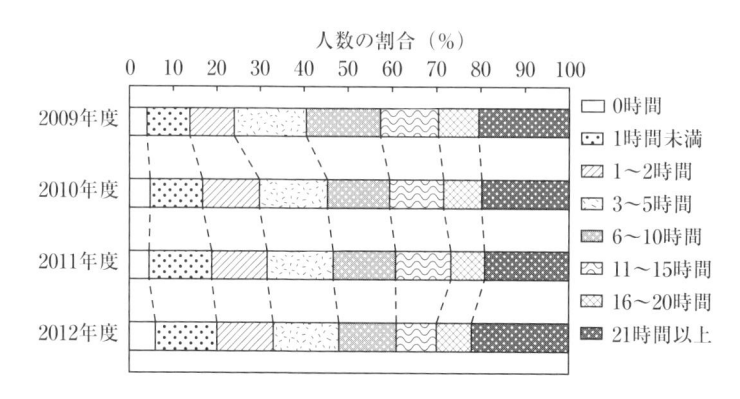

図　授業外学習時間の分布の推移

⑤ ヒストグラム

階級幅ごとの件数を示して、データの分布状況を把握する際に用います。ヒストグラムでは、それぞれの棒の間に間隔を空けません。

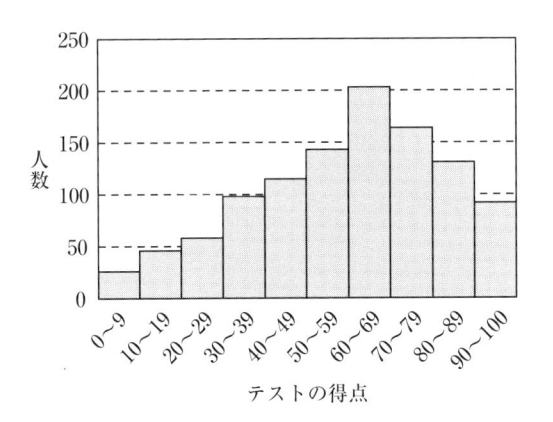

図　テストの得点分布

⑥ レーダーチャート

数値の範囲が同じになっている異なる変数間の値の大小関係を表す際に、レーダーチャートを用います。全体的な傾向や変数間のバランスを把握しやすいという特徴があります。

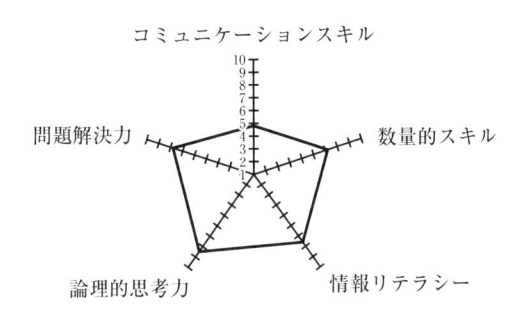

図　汎用的技能の習得状況

⑦ 散布図

2つの変数の分布を見る際に散布図を用います。相関係数を調べる前段階として作成する場合もあります。

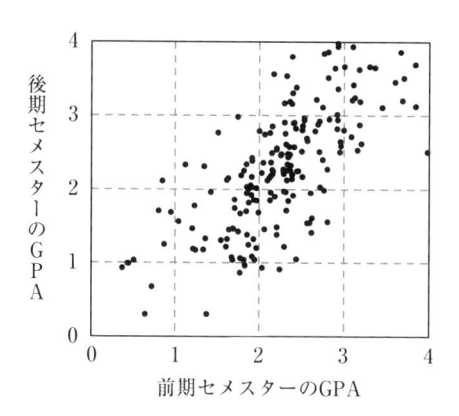

図　前期 GPA と後期 GPA の関係

⑧ バブルチャート

3つの変数の関連を見る場合に用います。横軸と縦軸の値以外の値を示すことができます。つまり、散布図に1軸を追加したグラフです。

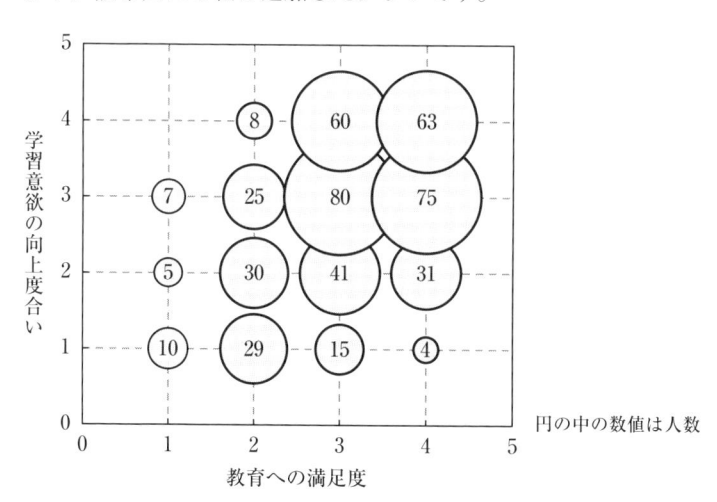

図　教育への満足度と学習意欲の向上度合いの関係

⑨ パレート図

　量の多い順に並べた棒グラフと、その量の累積比率を表した折れ線グラフからなるのがパレート図です。項目の重要度がわかり、意思決定の際には優先順位がわかります。

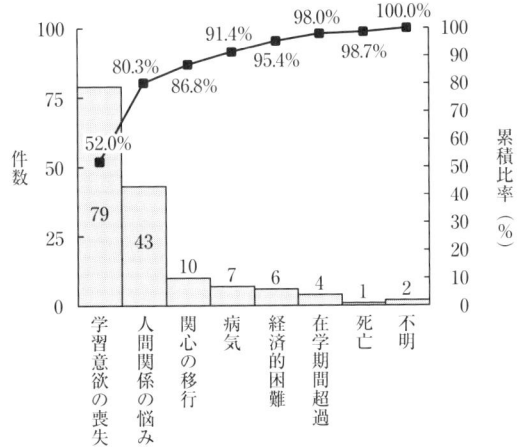

図　中途退学の理由別の件数と累積比率

⑩ 統計地図

　地域別のデータを地図上に示す際に用います。空間的な分布構造がひと目でわかるように、各データを色の濃さで表したり、棒の高さでデータの大小を表したりします。

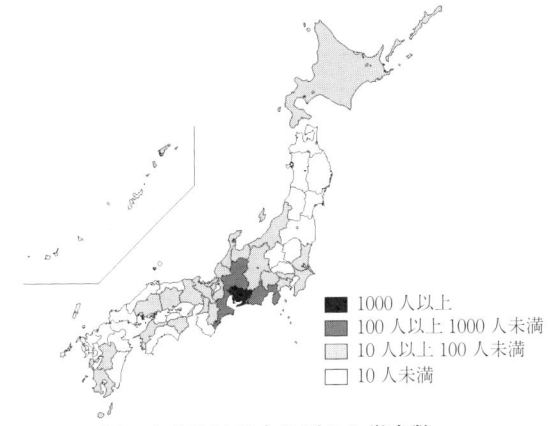

図　出身高校所在地別の入学者数

3.3 代表的な定期的調査

　大学は外部からの要請に応じてさまざまな調査に回答しています。IRの業務を進める上では、大学がどのようなデータをすでに提出しているのかを把握しておく必要があります。それらのデータは既存データと考えることができ、大学内で調査の重複が生じないようにすべきです。また、多くの外部の調査機関は、各大学のデータを集計して全国平均などのデータを公開しています。他大学のデータと比較することで、所属大学の特徴を把握することができるでしょう。以下では、現時点での代表的な定期的調査を紹介しています[†]。

学校基本調査（文部科学省）
　学校に関する基本的事項を調査し、学校教育行政上の基礎資料を収集することを目的としている。国公私立のすべての学校を対象とし、文部科学省が全数調査で毎年実施している。高等教育機関については、学生、教職員、卒業後の進路、学校施設、学校経費に関するデータが収集されている。各高等教育機関からのデータを文部科学省が集計し、文部科学省と総務省統計局のウェブサイトで公開している。
主なデータ：学生数、教員数、職員数、進路就職先、区分別経費

学校教員統計調査（文部科学省）
　教員構成や教員の属性、職務形態等を明らかにすることを目的としている。国公私立のすべての学校を対象とし、文部科学省が全数調査と抽出調査で3年ごとに実施している。高等教育機関については、教員個人情報と教員異動に関するデータが収集されている。各機関からのデータを文部科学省が集計し、文部科学省と総務省統計局のウェブサイトで公開している。
主なデータ：教員数、教員の年齢、学歴、勤務年数、週担当授業時間数、給料月額、採用・転入・離職状況

大学、短期大学、高等専門学校及び専修学校卒業予定者の就職内定状況等調査（文部科学省・厚生労働省）
　卒業予定の学生・生徒の就職内定状況を把握し、就職問題に適切に対処するこ

[†] 本稿の執筆時には、大学ポートレートの構築に向けた議論が行われているため、いくつかの調査が集約される方向に進むことが予想されます。

とを目的としている。国公私立の大学・短期大学などのうち設置者や地域などを考慮して抽出された学校を対象に、文部科学省と厚生労働省が抽出調査で年4回（10月、12月、2月、4月）実施し、進路と就職に関するデータが収集されている。大学が調査対象学生への電話と面接により回収したデータを文部科学省と厚生労働省が共同で集計し、就職内定率、分野別内定率、就職希望率に関するデータを厚生労働省のウェブサイトで公開している。
主なデータ：学生の就職希望の有無、内定状況、内定を受けた時期

学術情報基盤実態調査（文部科学省）
　国公私立大学の学術情報基盤の状況を明らかにし、改善に向けた基礎資料を収集することを目的としている。すべての大学を対象に、文部科学省が全数調査で毎年実施している。大学図書館、コンピュータ、ネットワークに関するデータが収集されている。郵送、オンラインで回収した各大学からのデータを集計し、文部科学省と総務省統計局のウェブサイトで公開している。
主なデータ：図書館の職員数、蔵書数、図書・雑誌受入数、サービス状況、学内
　　　　　　LANの整備状況、ネットワーク関連業務担当教員数、パソコンの
　　　　　　整備状況

大学における教育内容等の改革状況について（文部科学省）
　大学における教育内容・方法の改善に向けた取り組みを調査し、国民への情報提供および各大学の積極的な教育内容の改善に関する取り組みを促すことを目的としている。国公私立の大学を対象に、文部科学省が全数調査で毎年実施している。大学改革に向けた取り組みに関するデータが収集されている。大学が記入した調査票を回収し、文部科学省が集計結果をウェブサイトで公開している。
主なデータ：カリキュラム編成上の工夫、外国語での授業実施状況、初年次教育
　　　　　　の状況、FD実施状況、海外の大学との交流状況、授業評価の状況

体力・運動能力調査（文部科学省）
　国民の体力・運動能力の現状を明らかにするとともに、体育・スポーツの指導と行政上の基礎資料を得ることを目的としている。国立大学の1・2年の学生、公私立の短期大学の女子学生を対象に、文部科学省が抽出調査で毎年実施している。大学・短期大学が記入したデータを郵送で回収し、文部科学省が分析結果をウェブサイトで公開している。
主なデータ：握力、上体起こし、長座体前屈、反復横とび、50ｍ走、立ち幅と
　　　　　　び、ハンドボール投げ、持久走

体育・スポーツ施設現況調査（文部科学省）

　体育・スポーツ施設の状況を明らかにし、今後の体育・スポーツ振興施策の企画・立案に必要な基礎データを得ることを目的としている。国公私立の大学・短期大学を対象に、文部科学省が全数調査で5～6年ごとに実施している。大学・短期大学が記入したデータを郵送で回収し、文部科学省が分析結果を文部科学省と総務省統計局のウェブサイトで公開している。
主なデータ：種別ごとの施設の数・規模、地域開放施設数、開放日数

科学技術研究調査（総務省）

　科学技術に関する研究活動の実態を調査し、科学技術振興に必要な基礎資料を得ることを目的としている。国公私立のすべての大学・短期大学・高等専門学校を対象として、大学等に関しては総務省統計局が毎年全数調査で実施している。高等教育機関については、研究者数と研究費に関するデータが収集されている。各大学が調査票に記入したデータを総務省が集計し、結果を総務省統計局のウェブサイトで公開している。
主なデータ：専門別研究者数、博士課程在籍者数、支出総額、研究費

学生生活調査（日本学生支援機構）

　学生の標準的な生活状況を把握し、学生生活支援事業の改善を図るための基礎データを収集することを目的としている。国公私立の大学・短期大学の学生を対象とし、日本学生支援機構が無作為抽出方法により隔年で実施している。学生の経済状況、生活状況に関するデータが収集されている。各高等教育機関が調査票に記入したデータを日本学生支援機構が集計し、ウェブサイトで公開している。
主なデータ：学費、生活費、学生の収入状況、家庭の年間平均収入額、アルバイト従事状況、奨学金の受給状況、通学時間

留学生調査（日本学生支援機構）

　外国人留学生の在籍状況、日本人学生の留学状況を把握し、留学生施策に関する基礎資料を得ることを目的としている。国公私立のすべての大学・短期大学を対象として、日本学生支援機構が全数調査で毎年実施している。外国人留学生の在籍状況、進路状況、学位授与状況、日本人学生の留学状況に関するデータが収集されている。各高等教育機関が調査票に記入したデータを回収し、日本学生支援機構が集計結果をウェブサイトで公開している。
主なデータ：留学生数、出身別留学生数、分野別留学生数、留学生宿舎の状況、日本人留学生数

障害のある学生の修学支援（日本学生支援機構）
　大学・短期大学における障害学生の状況と支援状況について把握し、障害学生の修学支援の充実に資することを目的としている。すべての国公私立の大学・短期大学を対象とし、日本学生支援機構が全数調査で毎年実施している。障害学生の状況と支援に関するデータが収集されている。各高等教育機関が記入した調査票を回収し、日本学生支援機構が集計結果をウェブサイトで公開している。
　主なデータ：障害学生数、障害学生への修学支援状況、入学者選抜における配慮と特別措置の状況、発達障害の学生への支援状況

学校法人基礎調査（日本私立学校振興・共済事業団）
　私立学校の財務状況、教育条件の把握を通して、日本私立学校振興・共済事業団の業務の基礎資料、学校法人の経営の参考資料とすることを目的としている。すべての私立大学・短期大学を対象に、日本私立学校振興・共済事業団が毎年実施している。管理運営、教育条件、財務状況に関するデータが収集されている。電子調査（基礎調査 e-マネージャ）により私立大学・短期大学からの回答を集計し、結果を『今日の私学財政』（刊行物／インターネット）と『入学志願動向』（刊行物／インターネット）において公開している。
　主なデータ：設置学校一覧、法人組織構成図、学生数、教職員数、学生納付金、資金・消費収支計算書、人件費、寄付金

学生生活実態調査（日本私立大学連盟）
　学部学生の生活状況の調査を通して、加盟大学と日本私立大学連盟の諸活動を検討するための基礎資料を提供することを目的としている。加盟する大学の学部学生を対象に、日本私立大学連盟が4年ごとに抽出調査で実施している。進学目的、入学後の満足度、大学生活、進路に関するデータが収集されている。各加盟大学が記入した調査票を回収し、日本私立大学連盟が集計した結果を報告書『学生生活白書』とウェブサイトで公開している。
　主なデータ：学生の進学目的・理由、充実度・期待、経済状況、大学生活、正課教育、正課外活動、不安・悩み、進路希望

大学情報データベース（大学評価・学位授与機構）
　大学等における自己評価と教育研究活動の改善、国立大学法人評価への活用、第三者評価等に対応した作業負担の軽減、大学等の活動に対する国民の理解の増進を目的としている。調査票は、すべての大学が入力する共通調査票と入力が各大学の判断に委ねられている任意調査票の2つがある。組織、施設、教職員、学

生、教育活動、学生支援、国際交流、社会貢献、評価改善活動に関するデータが収集されている。
主なデータ：入学定員充足率、受験者倍率、社会人・留学生数、海外学生派遣数、留年者数、退学者数、進学・就職率、特許出願・取得数、科学研究費補助金の申請数・採択数、共同研究受入件数・金額、受託研究受入件数・金額

認証評価用の基礎データ集（それぞれの認証評価機関）

認証評価を受ける際に大学の基礎データ集の提出が求められる。大学評価・学位授与機構の場合は大学現況票、大学基準協会の場合は大学基礎データ、日本高等教育評価機構の場合はエビデンス集である。教育研究組織、教員組織、学生の受け入れ、施設・設備などに関するデータを提出している。また、私立大学に関しては、法人全体と大学個別の財務状況に関するデータも求められる。
主なデータ：入学定員・編入学定員、収容定員、定員充足率、専任教員比率、専任教員一人当たりの学生数、校地面積、校舎面積、設置基準上必要校地・校舎面積、講義室・演習室・自習室総数・面積、消費収支計算書関係比率、貸借対照表

教育情報の公表（各大学による公表）

学校教育法施行規則の改正に基づき、2011年から各大学が公表すべき情報が法令上明記されている。大学が公的な教育機関として社会に対する説明責任を果たすとともに、その教育の質を向上させる観点から、公表すべき情報を法令上明確にし教育情報の一層の公表を促進することが、この改正の趣旨である。公表内容は、教育研究組織、教員、教育課程、卒業要件、学生、納付金、学習環境に関するデータである。各大学が、刊行物への掲載やウェブサイトでの公開を通して広く周知することが求められている。
主なデータ：教育研究組織の情報、教員情報、受け入れ方針、入学者数、在学生数、授業科目、卒業・修了認定基準、施設・設備情報、授業料、入学料

学生の消費生活に関する実態調査（全国大学生活協同組合連合会）

大学生活における主に経済的な側面と大学生の意識や行動を明らかにし、大学生活の充実と生協の諸活動に資することを目的としている。国公私立大学の学部学生を対象に、全国大学生活協同組合連合会が抽出調査で毎年実施している。大学生の経済生活と行動、日常生活、大学生活に関するデータが収集されている。

各生協が抽出した学生に調査票を郵送して回収し、全国大学生活協同組合連合会が報告書で結果を公開している。その概要についてはウェブサイトにて公開している。
主なデータ：生活費、仕送り額、奨学金受給状況、アルバイト状況、パソコン保有状況、運転免許保有状況、大学の選択理由、授業への満足度

3.4 IR 関連主要法令

IR の業務を進めるためには関連する法令を理解することが求められます。法令には、憲法、法律、政令、省令という階層構造があり、階層構造の上位にある法令が優先されます。法令の制定方法もその階層によって異なります。法律は、国会における議決を経て制定されます。政令は、内閣の閣議を経て制定されます。省令は、大臣の権限で機関の命令として発することができます。

基本的法令
日本国憲法（昭和 21 年 11 月 3 日）
教育基本法（平成 18 年 12 月 22 日法律第 120 号）
学校教育法（昭和 22 年 3 月 31 日法律第 26 号）
学校教育法施行令（昭和 28 年 10 月 31 日政令第 340 号）
学校教育法施行規則（昭和 22 年 5 月 23 日文部省令第 11 号）

学位
学位規則（昭和 28 年 4 月 1 日文部省令第 9 号）

設置基準
大学設置基準（昭和 31 年 10 月 22 日文部省令第 28 号）
大学院設置基準（昭和 49 年 6 月 20 日文部省令第 28 号）
短期大学設置基準（昭和 50 年 4 月 28 日文部省令第 21 号）
高等専門学校設置基準（昭和 36 年 8 月 30 日文部省令第 23 号）
専門職大学院設置基準（平成 15 年 3 月 31 日文部科学省令第 16 号）
大学通信教育設置基準（昭和 56 年 10 月 29 日文部省令第 33 号）

設置認可
大学設置・学校法人審議会令（昭和 62 年 9 月 10 日政令第 302 号）
大学の設置等の認可の申請及び届出に係る手続等に関する規則（平成 18 年 3 月 31 日文部科学省令第 12 号）

文部科学省
文部科学省設置法（平成 11 年 7 月 16 日法律第 96 号）

文部科学省組織令（平成12年6月7日政令第251号）

国立大学
国立大学法人法（平成15年7月16日法律第112号）
国立大学法人法施行令（平成15年12月3日政令第478号）
国立大学法人法施行規則（平成15年12月19日文部科学省令第57号）
国立大学等の授業料その他の費用に関する省令（平成16年3月31日文部科学省令第16号）

公立大学
地方教育行政の組織及び運営に関する法律（昭和31年6月30日法律第162号）
地方教育行政の組織及び運営に関する法律施行令（昭和31年6月30日政令第221号）
地方独立行政法人法（平成15年7月16日法律第118号）

私立大学
私立学校法（昭和24年12月15日法律第270号）
私立学校法施行令（昭和25年3月14日政令第31号）
私立学校法施行規則（昭和25年3月14日文部省令第12号）
私立学校振興助成法（昭和50年7月11日法律第61号）
私立学校振興助成法施行令（昭和51年11月9日政令第289号）

教職員
労働基準法（昭和22年4月7日法律第49号）
労働基準法施行規則（昭和22年8月30日厚生省令第23号）
労働組合法（昭和24年6月1日法律第174号）
大学の教員等の任期に関する法律（平成9年6月13日法律第82号）
教育公務員特例法（昭和24年1月12日法律第1号）
教育公務員特例法施行令（昭和24年1月12日政令第6号）
男女共同参画社会基本法（平成11年6月23日法律第78号）
雇用の分野における男女の均等な機会及び待遇の確保等に関する法律（昭和47年7月1日法律第113号）

教職課程
教育職員免許法（昭和24年5月31日法律第147号）
教育職員免許法施行令（昭和24年9月19日政令第338号）

教育職員免許法施行規則（昭和29年10月27日文部省令第26号）

保健安全
学校保健安全法（昭和33年4月10日法律第56号）
学校保健安全法施行令（昭和33年6月10日政令第174号）
学校保健安全法施行規則（昭和33年6月13日文部省令第18号）

障害者
障害者基本法（昭和45年5月21日法律第84号）
身体障害者福祉法（昭和24年12月26日法律第283号）
発達障害者支援法（平成16年12月10日法律第167号）
発達障害者支援法施行令（平成17年4月1日政令第150号）
発達障害者支援法施行規則（平成17年4月1日厚生労働省令第81号）

出入国管理
出入国管理及び難民認定法（昭和26年10月4日政令第319号）
出入国管理及び難民認定法施行規則（昭和56年10月28日法務省令第54号）

科学技術
科学技術基本法（平成7年11月15日法律第130号）
大学等における技術に関する研究成果の民間事業者への移転の促進に関する法律（平成10年5月6日法律第52号）

知的財産
知的財産基本法（平成14年12月4日法律第122号）
著作権法（昭和45年5月6日法律第48号）
特許法（昭和34年4月13日法律第121号）

情報管理
個人情報の保護に関する法律（平成15年5月30日法律第57号）
個人情報の保護に関する法律施行令（平成15年12月10日政令第507号）
独立行政法人等の保有する個人情報の保護に関する法律（平成15年5月30日法律第59号）
独立行政法人等の保有する個人情報の保護に関する法律施行令（平成15年12月25日政令第549号）

行政機関の保有する情報の公開に関する法律（平成11年5月14日法律第42号）

社会教育
社会教育法（昭和24年6月10日法律第207号）
生涯学習の振興のための施策の推進体制等の整備に関する法律（平成2年6月29日法律第71号）
図書館法（昭和25年4月30日法律第118号）
学校図書館法（昭和28年8月8日法律第185号）
博物館法（昭和26年12月1日法律第285号）

参考情報

　最新の法令を確認する時には、総務省が運営する法令データ提供システム「イーガブ」が便利です。総務省行政管理局が整備している憲法、法律、政令、勅令、府令、省令及び規則のデータが提供されています。毎月更新されます。

電子政府の総合窓口「イーガブ」　http://law.e-gov.go.jp/

3.5 高等教育年表

　IR の実践を進めるにあたって、現在の大学の置かれた状況を時系列で把握することは重要です。大学設置基準の大綱化が近年の大学改革の始点の1つと言われることも多いため、ここでは 1991 年以降の主な出来事をまとめています。特に重要だと考えられる出来事については簡単な解説を加えています。

1991 年　大学審議会答申「大学教育の改善について」
　　　　大学審議会答申「学位制度の見直し及び大学院の評価について」
　　　　学位授与機構の設立
　　　　大学設置基準の大綱化

> 大学の開設科目に関する規制が簡素化されるとともに、自己点検・評価が努力義務化された。教養部の解体、カリキュラム改革、評価制度の導入などさまざまな改革を各大学が実施する発端と位置づけられる。

1992 年　18 歳人口が戦後 2 度目のピーク

> 日本では 2 度のベビーブームがあったため、18 歳人口には 1966 年の約 249 万人と 1992 年の約 205 万人の 2 つの山がある。第 2 次ベビーブーム以降、18 歳人口は減少傾向にあり、2012 年には約 119 万人となっている。

1993 年　東海大学が全学的な授業評価を導入

> 東海大学が日本で最初に全学的に授業評価を実施した大学と言われている。それ以降、多くの大学で授業評価の制度化が進んだ。

1994 年　大学審議会答申「教員採用の改善について」
　　　　朝日新聞社が大学ランキングを公表
1995 年　UNESCO「高等教育の変革と発展のための政策文書」

	科学技術基本法公布
1996年	大学審議会答申「大学教員の任期制について」 大学基準協会が自己点検・評価を基礎とする大学評価を実施
1997年	大学行政管理学会の発足 アジアウィーク誌がアジア大学ランキングを発表 日本高等教育学会の発足
1998年	京都・大学センターが大学コンソーシアム京都に名称変更 UNESCO「21世紀に向けての高等教育世界宣言」 大学審議会答申「21世紀の大学像と今後の改革方策について—競争的環境の中で個性が輝く大学」
1999年	欧州29カ国の教育関係大臣がボローニャ宣言を採択 自己点検・評価の実施と結果公表の義務化、学外者による検証の努力義務化（大学設置基準改正） 日本技術者教育認定機構の設立
2000年	学位授与機構が大学評価・学位授与機構に改組 大学審議会答申「グローバル化時代に求められる高等教育の在り方について」 大学評価・学位授与機構が試行的大学評価を実施（2003年度まで）
2001年	文部科学省「大学（国立大学）の構造改革の方針」（遠山プラン） UNESCO／欧州委員会「国境を越えて展開する高等教育に関する行動原則」 総合規制改革会議「規制改革の推進に関する第1次答申」
2002年	トムソンISI社が論文引用数に基づく日本の研究機関ランキングを開始 「新しい「国立大学法人像」について」公表 「世界的研究教育拠点の形成のための重点的支援—21世紀COEプログラム」の開始 中央教育審議会答申「大学の質の保証に係る新たなシステムの構築について」 中央教育審議会答申「大学院における高度専門職業人養成について」 中央教育審議会答申「法科大学院の設置基準等について」 学校教育法の改正

> 設置認可制度の見直し、認証評価制度の導入、違法状態の大学に対する段階的是正措置の整備、専門職大学院制度の創設などが法律上で明示された。認証評価制度に関する規定は2004年4

月から、それ以外の規定は 2003 年 4 月から施行された。

2003 年　専門職大学院設置基準制定
　　　　特色ある大学教育支援プログラム（特色 GP）開始（2007 年度まで）
　　　　上海交通大学が世界大学ランキングを開始

> 中国の上海交通大学が世界大学ランキングを発表した。客観的なデータを用いて世界の大学が順位づけられた。翌年 2004 年にイギリスのタイムズ紙も世界大学ランキングを発表し、国を越えた大学ランキングが注目されるようになった。

　　　　UNESCO 総会決議「高等教育とグローバリゼーション―持続可能な開発を目指した質及び知識社会へのアクセス向上」
2004 年　大学評価学会の発足
　　　　国立大学の法人化

> 国立大学法人法により、文部科学省の内部組織であった国立大学は法人格をもつことになった。法人化により大学の裁量が大きくなる一方、中期目標、中期計画、年度計画が導入され、その達成度を評価する国立大学法人評価が義務づけられた。

　　　　認証評価制度の開始

> 学校教育法の改正により第三者による継続的な大学評価の制度が導入された。国公私立のすべての大学が定期的に国の認証を受けた評価団体の評価を受け、その結果が公表されることになった。

　　　　現代的教育ニーズ取組支援プログラム（現代 GP）開始（2007 年度まで）
　　　　タイムズ紙が世界大学ランキングを開始
2005 年　中央教育審議会答申「我が国の高等教育の将来像」
　　　　大学と短大への進学率が 50％を超える

> 進学率の上昇によって大学進学が特権から権利、権利から義務に移行すると社会学者トロウは指摘している。進学率が 50％を

第 3 部　IR 実践のための資料　177

> 超えると大学進学が権利から義務に変わり、ユニバーサル段階に入ったと言われる。

UNESCO／OECD「国境を越えて提供される高等教育の質保証に関するガイドライン」

> 質の高い教育を提供する枠組みの構築、ディグリー・ミルからの学生の保護に向け、政府や高等教育機関が取り組むべき事項が指針として提唱された。その後、高等教育の質保証に関する国際的な情報ネットワークが整備される。

中央教育審議会答申「新時代の大学院教育―国際的に魅力ある大学院教育の構築に向けて」

2006年　経済産業省が「社会人基礎力」を提唱
「高等教育機関のランキングに関するベルリン原則」を発表
教育基本法の改正

2007年　グローバルCOEプログラム開始
大学院教育改革支援プログラム（大学院GP）公募開始

2008年　FDが義務化（大学設置基準改正）
中央教育審議会答申「学士課程教育の構築に向けて」

> 学位授与の方針、教育課程編成・実施の方針、入学者受け入れの方針からなる3つの方針や学士課程共通の学習成果の参考指針として学士力が提示された。また、「大学の諸活動に関する調査データを収集・分析し、経営を支援する職員」の必要性が指摘された。

質の高い大学教育推進プログラム（教育GP）開始

2009年　大学の国際化のためのネットワーク形成推進事業（グローバル30）開始
QS社がアジア大学ランキングを開始

2010年　国立大学法人の第2期中期目標期間開始
QS社が世界大学ランキングを発表

2011年　教育情報の公表の義務化

> 学校教育法施行規則等が一部改正され、大学に教育情報の公表が義務づけられた。これにより、すべての大学が入学者数、卒業者数、就職者数などの情報を刊行物やインターネットを通して公表することになった。

　　　　認証評価の第2サイクルが開始

> 2004年からの7年間の第1サイクルが終わり、認証評価の第2サイクルが開始された。大学基準協会や大学評価・学位授与機構では、内部質保証システムが評価の基準に加えられるなど、各大学のより主体的な評価体制が重視されるようになった。

2012年　経済同友会「私立大学におけるガバナンス改革」
　　　　文部科学省高等教育局「大学改革実行プラン」
　　　　中央教育審議会答申「新たな未来を築くための大学教育の質的転換に向けて―生涯学び続け、主体的に考える力を育成する大学へ」
2013年　中央教育審議会答申「今後の青少年の体験活動の推進について」
　　　　経済同友会「大学評価制度の新段階」

3.6 高等教育の動向の情報源

近年の IR を含む高等教育を取り巻く環境の変化は速く、常に最新の動向にも注目する必要があります。以下では、高等教育の動向を知ることのできる情報源を、雑誌、ウェブサイト、メーリングリストに分類しています[†]。

1．雑誌
『文部科学白書』（文部科学省、年刊、1959 ～）
『学校基本調査報告書』（文部科学省、年刊、1971 ～）
『厚生労働白書』（厚生労働省、年刊、2001 ～）
『学生生活調査報告』（日本学生支援機構、隔年刊、1968 ～）
『大学と学生』（日本学生支援機構、月刊、1966 ～ 2011）
『留学交流』（日本学生支援機構、月刊、1988 ～）
『大学時報』（日本私立大学連盟、隔月刊、1952 ～）
『教育学術新聞』（日本私立大学協会、週刊、1953 ～）
『IDE 現代の高等教育』（IDE 大学協会、年 10 回、1954 ～）
『大学行政管理学会誌』（大学行政管理学会、年刊、1997 ～）
『大学教育学会誌』（大学教育学会、年刊、1980 ～）
『高等教育研究』（日本高等教育学会、年刊、1998 ～）
『初年次教育学会誌』（初年次教育学会、年刊、2008 ～）
『リメディアル教育研究』（日本リメディアル教育学会、年 2 回、2006 ～）
『大学マネジメント』（大学マネジメント研究会、月刊、2005 ～）
『大学創造』（高等教育研究会、年 2 回、1994 ～）
『大学創造別冊　大学職員ジャーナル』（高等教育研究会、年刊、1996 ～）
『大学評価・学位研究』（大学評価・学位授与機構、年 1 ～ 2 回、2005 ～）
『大学評価研究』（大学基準協会、年刊、2001 ～）
『日本評価研究』（日本評価学会、年 2 回、2001 ～）
『大学職員論叢』（大学基準協会、年刊、2013 ～）
『カレッジマネジメント』（リクルート、隔月刊、1983 ～）
『Between』（進研アド、隔月刊、1987 ～）
『VIEW 21 大学版』（ベネッセ教育研究開発センター、年数回、2011 ～）
『文部科学　教育通信』（ジアース教育新社、月 2 回、2000 ～）

[†] ウェブサイトは 2013 年 4 月 23 日時点で閲覧し確認しています。

『切抜き速報　教育版』（ニホンミック、月刊、1968～）
『大学ランキング』（朝日新聞社、年刊、1994～）
『本当に強い大学』（東洋経済新報社「週刊　東洋経済」、年刊、2006～）
『高校生に聞いた大学ブランドランキング』（リクルート、年刊、2008～）
『大学の実力』（読売新聞社、年刊、2011～）

2．ウェブサイト
2.1　公的機関
文部科学省　http://www.mext.go.jp/
日本学生支援機構　http://www.jasso.go.jp/
国立教育政策研究所　http://www.nier.go.jp/
国立大学財務・経営センター　http://www.zam.go.jp/
日本学術振興会　http://www.jsps.go.jp/
日本学術会議　http://www.scj.go.jp/
国立大学法人評価委員会　http://www.mext.go.jp/b_menu/shingi/kokuritu/
日本私立学校振興・共済事業団　http://www.shigaku.go.jp/
労働政策研究・研修機構　http://www.jil.go.jp/
科学技術振興機構　http://www.jst.go.jp/

2.2　機関別認証評価機関
大学基準協会　http://www.juaa.or.jp/
大学評価・学位授与機構　http://www.niad.ac.jp/
日本高等教育評価機構　http://www.jihee.or.jp/
短期大学基準協会　http://www.jaca.or.jp/

2.3　専門職大学院の分野別認証評価機関
日弁連法務研究財団　https://www.jlf.or.jp/
ABEST 21　http://www.abest21.org/jpn/
国際会計教育協会　http://www.jiiae.jp/
日本助産評価機構　http://www.josan-hyoka.org/
日本臨床心理士資格認定協会　http://www.fjcbcp.or.jp/
教員養成評価機構　http://www.iete.jp/
日本技術者教育認定機構　http://www.jabee.org/
薬学教育評価機構　http://www.jabpe.or.jp/

2.4 学協会
国立大学協会　http://www.kokudaikyo.gr.jp/
公立大学協会　http://www.kodaikyo.org/
日本私立大学連盟　http://www.shidairen.or.jp/
日本私立大学協会　http://www.shidaikyo.or.jp/
日本私立大学団体連合会　http://www.shidai-rengoukai.jp/
日本私立医科大学協会　http://www.idaikyo.or.jp/top.html
日本私立短期大学協会　http://www.tandai.or.jp/
全国公立短期大学協会　http://park16.wakwak.com/~kotan819/

2.5 学会・研究会等
大学出版部協会　http://www.ajup-net.com/
文教協会　http://www.bunkyokyokai.or.jp/
IDE大学協会　http://ide-web.net/
大学評価学会　http://www.unive.jp/
大学行政管理学会　http://juam.jp/
日本高等教育学会　http://www.gakkai.ne.jp/jaher/
大学教育学会　http://www.daigakukyoiku-gakkai.org/
初年次教育学会　http://wwwsoc.nii.ac.jp/jafye/
日本リメディアル教育学会　http://www.jade-web.org/
大学マネジメント研究会　http://anum.jp/
高等教育質保証学会　http://www.jaquahe.org/
日本評価学会　http://evaluationjp.org/
日本高等教育開発協会　http://www.jaed.jp/
大学評価コンソーシアム　http://iir.ibaraki.ac.jp/jcache/
大学コンソーシアム京都　http://www.consortium.or.jp/
Association for Institutional Research (AIR)　http://www.airweb.org/
EAIR　http://www.eair.nl/
POD Network　http://www.podnetwork.org/
The Chronicle of Higher Education　http://chronicle.com/
Times Higher Education　http://www.timeshighereducation.co.uk/

2.6 統計情報・データベース等
総務省統計局　http://www.stat.go.jp/
文部科学省・統計情報　http://www.mext.go.jp/b_menu/toukei/main_b8.htm

日本学生支援機構各種統計　http://www.jasso.go.jp/statistics/
厚生労働省・厚生労働統計　http://www.mhlw.go.jp/toukei/itiran/
青少年に関する調査研究　http://www8.cao.go.jp/youth/kenkyu.htm
内閣府男女共同参画局調査研究　http://www.gender.go.jp/research/kenkyu/
科学技術総合リンクセンター　J-GLOBAL　http://jglobal.jst.go.jp/
科学研究費助成事業データベース　KAKEN　http://kaken.nii.ac.jp/
NHK放送文化研究所　http://www.nhk.or.jp/bunken/
全国大学生活協同組合連合会学生生活実態調査
　　　　http://www.univcoop.or.jp/press/life/report.html
World University Rankings（タイムズ紙）
　　　　http://www.timeshighereducation.co.uk/world-university-rankings/
QS World University Rankings
　　　　http://www.topuniversities.com/university-rankings/world-university-
　　　　rankings
QS University Rankings : Asia
　　　　http://www.topuniversities.com/university-rankings/asian-university-
　　　　rankings
Academic Ranking of World Universities（上海交通大学）
　　　　http://www.shanghairanking.com/
World's Best Universities（U.S.News & World Report）
　　　　http://www.usnews.com/education/worlds-best-universities-rankings

3．メーリングリスト

サイエンス・サポート・アソシエーション　http://sci-support.org/
全国大学高専教職員組合　http://zendaikyo.or.jp/?page_id=35
名古屋大学高等教育研究センター　http://www.cshe.nagoya-u.ac.jp/ml/
広島大学高等教育研究開発センター
　　　　http://rihe.hiroshima-u.ac.jp/news_mail.php
京都大学高等教育研究開発推進センター　http://kyoto-u.s-coop.net/asagao/
地域科学研究会
　　　　http://chiikikagaku-k.co.jp/company/mailmaga/mailmaga.html
私立大学メーリングリスト（日本私大教連書記局）
　　　　http://www.jfpu.org/mailing%20list/mailinglist_guide.htm
文部科学省　大学改革GPナビ　http://www.mext.go.jp/magazine/
大学入学情報図書館 RENA　http://www.rena.gr.jp/mlmg/

日本聴覚障害学生高等教育支援ネットワーク
　　　http://www.tsukuba-tech.ac.jp/ce/xoops/
ベネッセ教育研究開発センター
　　　http://benesse.jp/berd/magazine/offer_maga.html
University World News　http://www.universityworldnews.com/

3.7 IRの基礎用語

アクティブ・ラーニング

　教員による一方的な講義のような受動的な学習とは異なる、学生の能動的な学びを引き出す教授法。学習者が能動的に学ぶため、意欲が高まり知識や情報が定着しやすく、その結果それらを活用する力が高まるのが特徴である。教育方法としては、ディスカッション、グループワーク、実験、実習、体験学習などが挙げられる。

アクレディテーション

　教育課程、教員組織、管理運営体制、財務状況などの側面から総合的に大学としての質を備えているかどうかを評価する制度。社会的に大学と認められるための手段と言える。もともとは、アメリカにおいて任意の大学団体が自らの作成した評価基準に則して個々の大学の教育の質を認定してきた評価制度である。政府による評価ではなく大学団体による評価を行うシステムであり、アメリカ固有の制度的条件下で発達してきた制度である。

アドミッション・ポリシー（入学者受け入れ方針）

　各大学・学部等がその教育理念や特色等をふまえ、どのような教育活動を行い、どのような能力や意欲、適性等を有する学生を求めているのかなどの方針をまとめたものである。入学者の選抜方法や入試問題の出題内容等にはこの方針が反映されている。また、この方針は受験者が自らにふさわしい大学を主体的に選択する際の参考ともなる。2005年に中央教育審議会がまとめた答申「我が国の高等教育の将来像」において、カリキュラム・ポリシー、ディプロマ・ポリシーとともにその重要性が指摘された。

インパクト・ファクター

　特定の学術雑誌に掲載されている論文が1論文あたり平均何回引用されているかを算出した数値で、雑誌の影響度を示す指標。自然科学と社会科学分野の学術雑誌を対象としている。雑誌の出版部数、発行頻度数、刊行年数による偏りを除いて、雑誌の重要度を比較することができる。

エンロールメント・マネジメント

　大学が学生募集から卒業までの間に一貫して行う修学支援。学生の入試成績、

出席状況、在学中の成績、授業評価、奨学金受給状況、進路などのデータを活用し、入試広報、授業内容、中途退学防止、就職支援、奨学金制度に関する施策を提供する取り組みである。

学習成果（ラーニング・アウトカム）

学習プログラムやコースなど大学における一定の学習過程の成果として、学習者が獲得することが期待される知識、技能、態度を指す。学習成果が注目される背景には、学位の国際的な通用性や大学の質の保証に対する関心が高まっていることなどがある。

学習ポートフォリオ（ラーニング・ポートフォリオ）

学習者の学習の過程や成果に関する記録（学習目標・学習計画表とチェックシート、課題達成のために収集した資料や遂行状況、レポート、成績表など）を計画的に集めたもの。従来の到達度評価では測定できない個人能力の質的評価を行うことが意図されている。また、学習者の評価のためだけでなく、教員と学生を結びつけるコミュニケーションツール、キャリア形成支援ツールとしても活用されている。

学士力

2008年の中央教育審議会答申「学士課程教育の構築に向けて」において、学士課程共通の学習成果として示された参考指針。教養を身につけた市民として行動できる能力と位置づけられている。①知識・理解、②汎用的技能、③態度・志向性、④統合的な学習経験と創造的思考力の4領域から構成されている。

カリキュラム

教育機関の教育理念や目標を具体的な教育活動の全体計画として表したもの。教育課程とも訳される。「自分の歩む進路、走路、流れ」を意味するラテン語のクレレ（currere）を語源に持つと言われている。学習の主体である学生にとっては、何がどの時期に学習できるのかを知るための枠組みであり、入学から卒業までの学習行動の指針になる。単に時間割といった狭い意味に限定されず、個々のプログラム、コース、授業の内容をも含む概念である。

カリキュラム・ポリシー（教育課程の編成方針）

ディプロマ・ポリシーで定めた達成目標を、学士課程教育において実質化・体系化を図らなければならない。その方策・手段が、カリキュラム・ポリシーであ

る。2005 年に中央教育審議会がまとめた答申「我が国の高等教育の将来像」において、アドミッション・ポリシー、ディプロマ・ポリシーとともにその重要性が指摘された。

客観テスト

　採点が客観的にできるように工夫されたテスト。回答する時間が短く、短時間で採点できる。叙述の真偽を問う真偽法、選択肢から正しいものを選択させる多肢選択法、事象や事物の関係についての理解や知識を確認する組み合わせ法、学習した事柄や用語を正しく記述しているかを確認する単純再生法、穴埋めさせる完成法、誤りを正しい答えに訂正させる訂正法などがある。

キャップ制

　単位の過剰登録を防ぐため、1 年間あるいは 1 学期間に履修登録できる単位の上限を設ける制度。単位制度の実質化を目的としている。キャップ制の導入が、学習すべき授業科目を精選することによる十分な学習時間の確保および授業内容の深い理解につながることが期待される。1999 年に大学設置基準第 27 条の 2 第 1 項として、「大学は、学生が各年次にわたって適切に授業科目を履修するため、卒業の要件として学生が修得すべき単位数について、学生が 1 年間又は 1 学期に履修科目として登録することができる単位数の上限を定めるよう努めなければならない」と規定された。

国際バカロレア資格

　スイスに本拠を置く国際バカロレア機構の定める教育課程を修了すると得られる資格。国際的に大学入学資格として認められている。日本でも、昭和 23 年文部省告示第 47 号の規定により、18 歳以上で国際バカロレア資格を有する者に対しては大学への入学資格が認められる。

国立大学法人評価

　国立大学法人および大学共同利用機関法人の業務運営に関する、国立大学法人評価委員会による毎事業年度および中期目標期間（6 年）ごとの業績評価。中期目標期間の評価のうち、教育研究の評価については、大学評価・学位授与機構が国立大学法人評価委員会からの要請をもとに評価を実施している。評価を通して、大学の個性の伸長や教育研究の質的充実、社会に対する説明責任を果たすことが期待されている。

サービス・ラーニング

　教育活動の一環として、一定の期間、地域のニーズ等をふまえた社会奉仕活動を体験することによって、それまで知識として学んできたことを実際のサービス体験に活かし、また実際のサービス体験から自分の学習や進路について新たな視野を得る教育プログラム。市役所、児童保育施設、農業施設、海外のNGOなどにおいて業務を体験する実践過程と、その実践過程を挟む事前学習と事後学習から構成される。

自己点検・評価

　教育研究水準の向上と社会的責任を果たすため、大学自らが理念と目標に照らして教育研究活動を点検し、優れている点を評価したり改善点を明らかにしたりすること。1999年の大学設置基準の改正によって、自己点検・評価の実施と結果の公表が義務化、学外者による評価結果の検証が努力義務化された。

質保証

　高等教育に対する関係者からの信頼を確立するために、高等教育機関が、大学設置基準等に明記された要件や認証評価等で設定される基準に対する適合性を確保したり、自らが意図する成果の達成や質を確保すること。

社会人基礎力

　経済産業省が2006年から提唱している能力で、「職場や地域社会で多様な人々と仕事をしていくために必要な基礎的な力」とされる。具体的には、「前に踏み出す力（主体性・働きかけ力・実行力）」、「考え抜く力（課題発見力・計画力・創造力）」、「チームで働く力（発信力・傾聴力・柔軟性・情況把握力・規律性・ストレスコントロール力）」から構成されている。

初年次教育

　主に大学新入生を対象にした、高校からの円滑な移行をはかり、学習および人格的な成長の実現にむけて、大学での学習と生活を成功させるべく、総合的につくられた教育プログラム。具体的には、大学生活への適応、大学で必要な学習スキルの獲得、当該大学への適応、自己分析、キャリア開発への導入、学習への動機づけ、専門領域への導入といった内容が含まれる。

信頼性

　同一の集団に対して、同様の条件のもとで測定を繰り返すとき、一貫した結果

が得られる程度のこと。学生の知識量をテストにより測定しようとする場合、信頼性には、テストが安定した測定を行っている程度を示すテストの信頼性、および採点が一貫して行われている程度を示す採点の信頼性の2つの側面がある。

世界大学ランキング

　世界の大学の教育研究活動を一定の指標から順位付けるもの。評価指標としては、研究者による評価、教員当たり学部学生数、論文引用数、教員当たり研究収入、教員当たり論文数、外国人教員比率などがある。大学に対して国際競争力が求められるようになり、国内だけでなく世界の大学ランキングが作成されるようになっている。代表的なものとしてタイムズ紙や上海交通大学による世界大学ランキングがある。

説明責任（アカウンタビリティ）

　公共性の高い事業や専門性の高い仕事に従事する組織または個人が、社会的な使命や目的に基づいて効果的かつ適切に成果を生み出す責任のこと。大学においても、教育研究活動の状況や成果を社会に提示し、広く理解と支持を得ることが求められている。

妥当性

　テストなどが、測定しようとしているものを実際に測定している程度のこと。出題領域や項目内容が測定目的に照らして必要かつ十分であるかに関する内容的妥当性、外的な基準との相関に関する基準関連妥当性、質問項目が本来測定すべき構成概念を反映しているかに関わる構成概念妥当性がある。

ティーチング・ポートフォリオ（教育業績記録）

　大学の教員が自分の授業や指導において努力した一部を、目に見える形で記録に残そうとするもの。ティーチング・ポートフォリオの導入により、授業の内容や方法の改善、記録の提示による教育活動の正当な評価、優れた指導の共有などの効果が期待される。

ディグリー・ミル

　正規の大学として認められていないにもかかわらず、学位授与を標榜し、真正な学位と紛らわしい呼称を供与する組織のこと。世界的に厳密な学問的定義や法的概念があるものではない。従来は、アメリカ等においてのみ問題とされていたが、インターネット等の普及により被害が国際的問題になりつつある。

ディプロマ・ポリシー（学位授与の方針）
　卒業までにどのような能力の習得を目指すのか、学生が達成すべき具体的な学習成果を設定したもの。2005 年に中央教育審議会がまとめた答申「我が国の高等教育の将来像」において、アドミッション・ポリシー、カリキュラム・ポリシーとともにその重要性が指摘された。

データウェアハウス
　各業務システムで扱うデータを統合し、データを加工せずに、ウェアハウス（倉庫）の名の通り格納して蓄積するデータベース。意思決定に資するため目的別で作られることや過去のデータを削除せずそのまま保持すること等の点で日々使用する業務システムとは異なる。

内部質保証
　自らの責任で大学の諸活動について点検・評価を行い、その結果をもとに改革・改善に努め、大学の質を自ら保証すること。認証評価の第 2 サイクルが開始された 2011 年から、大学基準協会や大学評価・学位授与機構では内部質保証システムが評価の基準に加えられ、各大学のより主体的な評価体制が重視されるようになった。

認証評価
　大学の教育研究活動の質を保証するために、認証評価機関が定める大学評価基準に基づいて大学を定期的に評価すること。大学の教育研究、組織運営および施設設備の総合的な状況を 7 年以内ごとに評価する機関別認証評価と、専門職大学院の教育課程、教員組織その他教育研究活動の状況について 5 年以内ごとに評価する専門分野別認証評価がある。

汎用的技能（ジェネリック・スキル）
　特定の職業に必要なスキルとは異なり、あらゆる職業を超えて活用できる能力。コミュニケーション能力や問題解決能力、チームワーク能力、批判的思考力などが含まれる。2008 年の中央教育審議会答申「学士課程教育の構築に向けて」において、学士課程共通の学習成果の参考指針として汎用的技能を含む学士力の概念が提起されている。

プレースメント・テスト
　受講者を能力別クラスに分けるための試験。語学などの授業で、受講者の水準

に適した授業を受けさせるために実施される。

ボローニャ・プロセス
　1999年のボローニャ宣言を契機とした欧州高等教育圏の創設を目指す改革プロセス。2010年までに国際競争力の高い欧州高等教育圏を創ることを目標に、比較可能な学位制度の導入、学位の相互認証、質の保証に向けた改革が行われてきた。そして、2009年のルーヴァン・コミュニケにおいて、2020年までボローニャ・プロセスを継続することが合意された。

ラーニング・コモンズ
　学内に設けられた学習のための共有スペースのことで、大学図書館に設置される事例が多く見られる。個人の学習はもとより、学生間の協同学習を推奨する意図がある。コモンズは「共有資源」を意味する外来語で、資源が共同で所有管理される仕組みや、そのように所有管理される資源そのものを指す。ラーニング・コモンズの場合は、場所の共有を通じて、学びや知識生産の価値をも共有することが期待される。

リテンション
　大学に継続して在籍していること。転学や中途退学を抑制しリテンション率を向上させることは、大学にとって経営的にも重要な課題である。転学や中途退学の比率が高いアメリカと比較すると、日本ではリテンションという概念はあまり注目されてこなかった。

リメディアル教育
　大学教育を受けるための基礎学力を持たない学生に対して、大学教育を受ける前提となる基礎的な知識等について行う教育。補習教育とも呼ばれる。入学前教育や、大学で学ぶ上での基礎となる高等学校レベルの講義の実施等が例として挙げられる。推薦入学等で早期に入学が決定した受験生に対して行われる入学前教育を含める場合もある。

ルーブリック
　学習成果の水準の目安を数段階に分けて記述し、それによって学生の達成度を判断する基準。評価方法として、誰が採点しても同じ結果になる客観テストが適さない場合に用いられる。たとえば、小論文、プレゼンテーション、実習などの評価に利用される。ルーブリックを予め学生に示しておき、どのような基準で評

価されるのかを伝えることで、成績評価の方針を明確化することもできる。

FD（Faculty Development）

　教員が授業内容・方法を改善し向上させるための組織的な取り組みの総称。具体的な例としては、教員相互の授業参観の実施、授業方法についての研究会の開催、新任教員のための研修会の開催などが挙げられる。大学設置基準においては、授業の内容および方法に特化したＦＤの実施を各大学に求めているが、ＦＤの定義・内容は論者によって多様であり、単に授業内容・方法の改善のための研修に限らず、広く教育の改善、更には研究活動、社会貢献、管理運営に関わる教員集団の職能開発の活動全般を指す場合もある。

GPA（Grade Point Average）

　アメリカなどの大学において広く利用されている学生の成績評価方法。一般に授業科目ごとに5段階（たとえばA、B、C、D、およびF）で成績評価を行い、それに対応する4から0のグレード・ポイントを付し、単位あたりの平均を出し、その一定水準を卒業などの要件とする制度。すべての科目でAの評価ならその学生のGPAは4.0となり、すべての科目の評価がCの評価であればGPAは2.0となる。学生の学習状況がGPAという数値によって明らかになる。個々の学生のGPAは、奨学金や授業料免除対象者の選定、大学院入試の選抜、個別の学習指導などに利用される。

h指数（h-index）

　論文数と被引用数に基づいて研究者個人の科学的貢献度を示す指標。ある研究者が公刊した論文のうち、被引用数がh件以上であるものがh本以上あることを満たす数値をh指数と呼ぶ。たとえば、被引用数15件以上の論文が少なくとも15本以上ある場合は、h指数が15となる。

IR（Institutional Research）

　機関の計画立案、政策形成、意思決定を支援するための情報を提供する目的で、高等教育機関の内部で行われる調査研究。具体的には、学生への教育活動・支援とその成果の検証、認証評価と自己点検・評価への対応、中長期計画の策定などを行う。この業務に従事する者を、インスティテューショナル・リサーチャーと呼ぶこともある。

PBL(Problem Based Learning)

　課題解決型学習。身近に感じる具体的な事象から課題を学生が発見し、その課題を解決するために自ら学習させ、課題を解決させる教育方法である。医学・歯学・看護学・環境科学・法律実践・工学などのように実践の場での課題解決が職業的スキルとして重要視される教育分野でしばしば採用される。具体的な学習課題を立てて少人数のグループでプロジェクトを進めるプロジェクト型学習（Project Based Learning）も PBL と呼ばれる。

参考文献

相原総一郎（2010）「短大生調査2009年によるIRのための実践的分析―児童教育学科の教育環境」『大阪薫英女子短期大学児童教育学科研究誌』第16号、pp. 41-59

青山佳代（2006）「アメリカ州立大学におけるインスティテューショナル・リサーチの機能に関する考察」『名古屋高等教育研究』第6号、pp. 113-130

浅野誠（2002）『授業のワザ一挙公開』大月書店

阿部一晴（2013）「京都光華女子大学におけるEM・IRの取り組み実践報告」大学教育改革フォーラムin東海2013配付資料

阿部充夫編（1987）『新版 大学運営必携』文教ニュース社

有本章編（2003）『大学のカリキュラム改革』玉川大学出版部

飯田英明（2012）『プレゼンに勝つ図解の技術（第2版）』日本経済新聞出版社

池田輝政、近藤啓子、中井俊樹、青山佳代（2006）「FDを持続的に革新するベンチマーキング法の事始」『大学論集』第37集、pp. 115-130

池田輝政、戸田山和久、近田政博、中井俊樹（2001）『成長するティップス先生―授業デザインのための秘訣集』玉川大学出版部

市川昭午（2001）『未来形の大学』玉川大学出版部

上田尚一（2005）『統計グラフのウラ・オモテ―初歩から学ぶ、グラフの「読み書き」』講談社

上田直人、長谷川豊祐（2008）「わが国の大学図書館におけるラーニング・コモンズの事例研究」『名古屋大学附属図書館研究年報』第7号、pp. 47-62

上西浩司、中井俊樹、齋藤芳子（2009）「教務部門が求める教務担当職員像―教務部門事務責任者への全国調査結果」『大学行政管理学会誌』第12号、pp. 179-186

宇佐美忠雄（1989）『アメリカの教師と教育―日本の教師と教育を考える1つのアプローチ』学事出版

潮木守一（2009）「「証拠に基づく政策」はいかにして可能か？」『高等教育研究』第12集、pp. 169-187

内田千代子（2011）「大学生の中途退学の実態と対策―国立大学の調査から」『大学マネジメント』Vol. 7、No. 8、pp. 2-7

江原武一（1994）『大学のアメリカ・モデル―アメリカの経験と日本』玉川大学出版部

江原武一、杉本均編（2005）『大学の管理運営改革―日本の行方と諸外国の動

向』東信堂

愛媛大学（2013）『愛媛大学版 大学での学び入門』（第7版）
大石由起子、木戸久美子、林典子、稲永努（2007）「ピアサポート・ピアカウンセリングにおける文献展望」『山口県立大学社会福祉学部紀要』第13巻、pp. 107-121
大久保貢、金澤悠介、倉元直樹（2011）「福井大学AO入試入学生の意識と態度に見られる特徴について―平成21年度新入生アンケートに基づく調査研究(2)」『大学入試研究ジャーナル』第21巻、pp. 135-142
大作勝（2008）「国立大学のAO入試は学生の学力低下につながるか」『リメディアル教育研究』第3巻第2号、pp. 148-153
大佐古紀雄（2007）「Institutional Researchとしての学生調査ノウハウ構築に向けて(1)―P短期大学学生調査から」『育英短期大学研究紀要』第24号、pp. 1-13
大塚雄作（2007）「大学教育評価における評価情報の信頼性と妥当性の検討」『工学教育』第55巻第4号、pp. 4-20
岡田聡志（2009 a）「私立大学におけるInstitutional Researchの実態と意識―大学類型との関連性」『大学教育学会誌』第31巻第2号、pp. 116-122
岡田聡志（2009 b）「Institutional Researchの組織化と変容―米国における差異と欧州における展開」『早稲田大学大学院文学研究科紀要』第54輯、pp. 67-77
岡田聡志（2010）「ニュージーランドにおけるInstitutional Researchの展開―オタゴ大学を事例として」『フィロソフィア』第98号、pp. 23-35
岡田聡志（2011）「アメリカにおけるIRの歴史と機能観をめぐる論争」沖清豪、岡田聡志編『データによる大学教育の自己改善―インスティテューショナル・リサーチの過去・現在・展望』学文社、pp. 15-38
岡田聡志、沖清豪（2008）「アメリカの高等教育機関におけるInstitutional Researchをめぐる論争史」『早稲田教育評論』第22巻第1号、pp. 63-81
岡田有司、鳥居朋子（2011）「私立大学における大学生の学習成果の規定要因―ユニバーサル・アクセス時代における多様性と質保証の視点から」『京都大学高等教育研究』第17号、pp. 15-26
岡田有司、宮浦崇、鳥居朋子、青山佳世、中野正也、吉岡路（2011）「大学生の成長を多面的に捉える尺度開発の試み」『大学教育学会第33回大会発表要旨集録』pp. 100-101
小方直幸（2001）「コンピテンシーは大学教育を変えるか」『高等教育研究』第4集、pp. 71-91

小方直幸（2008）「学生のエンゲージメントと大学教育のアウトカム」『高等教育研究』第 11 集、pp. 45 - 64
小方直幸編（2011）『大学から社会へ——人材育成と知の還元』（リーディングス日本の高等教育 4）玉川大学出版部
小川賀代、小村道昭編（2012）『大学力を高める e ポートフォリオ——エビデンスに基づく教育の質保証をめざして』東京電機大学出版局
沖清豪（2009）「私立大学における IR の現状—— 2008 年度全国私立大学調査報告書」『2008 年度早稲田大学教育総合研究所 B 14 部会研究成果報告書』
沖清豪（2010 a）「イギリスにおける全国学生調査（National Student Survey）の導入と課題—— IR（機関調査研究）のためのデータ収集という観点から」『早稲田大学教育研究フォーラム』2 号、pp. 3 - 20
沖清豪（2010 b）「大学における情報の発信と IR（Institutional Research）」『大学マネジメント』Vol. 6、No. 6、pp. 8 - 17
沖清豪（2011）「IR は大学経営に本当に必要なのか？」『大学評価研究』第 10 号、pp. 37 - 45
沖清豪（2013）「IR 組織等を有効活用している大学の特徴」私学高等教育研究所『中長期経営システムの確立、強化に向けて』（私学高等教育研究叢書）pp. 49 - 58
沖清豪、岡田聡志編（2011）『データによる大学教育の自己改善——インスティテューショナル・リサーチの過去・現在・展望』学文社
沖裕貴、井口不二男他（2009）「教育改革総合指標（TERI）の開発—— FD の包括的評価を目指して」『立命館高等教育研究』第 8 号、pp. 93 - 107
奥田雄一郎（2012）「心理学からみた我が国のラーニング・コモンズにおける学びの動向と今後の課題」『共愛学園前橋国際大学論集』第 12 号、pp. 91 - 103
小野宏（2011）「関西学院大学における IR の現状・課題・展望」『関西学院大学高等教育研究』第 1 号、pp. 59 - 79
加藤毅、鵜川健也（2010）「大学経営の基盤となる日本型インスティテューショナル・リサーチの可能性」『大学論集』第 41 集、pp. 235 - 250
金子元久（2007）『大学の教育力——何を教え、学ぶか』筑摩書房
苅谷剛彦編（1994）『大学から職業へ——大学生の就職活動と格差形成に関する調査研究』広島大学大学教育研究センター
川喜田二郎（1967）『発想法——創造性開発のために』中央公論社
川島啓二（2010）「大学教育の革新と FD の新展開」『国立教育政策研究所紀要』第 139 集、pp. 9 - 20
川嶋太津夫（2006）「初年次教育の意味と意義」濱名篤、川嶋太津夫編『初年次

教育―歴史・理論・実践と世界の動向』丸善、pp. 1 - 12
川嶋太津夫（2008）「学士課程教育の構築に向けて―その論点と課題」『大学教育学会誌』第 30 巻第 1 号、pp. 25 - 28
川嶋太津夫（2009）「アウトカム重視の高等教育改革の国際的動向―「学士力」提案の意義と背景」『比較教育学研究』第 38 号、pp. 114 - 131
喜多村和之（1973）「アメリカにおける『大学研究』の展開―序説」『大学論集』第 1 集、pp. 20 - 31
木村拓也、西郡大、山田礼子（2009）「高大接続情報を踏まえた「大学教育効果」の測定―潜在クラス分析を用いた追跡調査モデルの提案」『高等教育研究』第 12 集、pp. 189 - 214
九州大学（2012）『もし九大生が 100 人だったら』
教育政策研究会（1987）『臨教審総覧　上巻』第一法規出版
串本剛（2006）「大学教育におけるプログラム評価の現状と課題―教育効果を根拠とした形成的評価の確立を目指して」『大学論集』第 37 集、pp. 263 - 276
倉元直樹、大津起夫（2011）「追跡調査に基づく東北大学 AO 入試の評価」『大学入試研究ジャーナル』No. 21、pp. 39 - 48
高等教育研究会（1991）『大学の多様な発展を目指して I ―大学審議会答申集』ぎょうせい
高等教育研究会（2002）『大学審議会全 28 答申・報告集―大学審議会 14 年間の活動の軌跡と大学改革』ぎょうせい
国立教育政策研究所（2006）『大学における教育改善と組織体制』
小林雅之（2010）「今後の学生への経済的支援のあり方―諸外国と比較して」『大学と学生』第 88 号、pp. 6 - 13
小日向允（2003）『私立大学のクライシス・マネジメント―経営・組織管理の始点から』論創社
小湊卓夫（2011）「アメリカにおける IR 人材育成プログラムと日本の課題」『大学評価研究』第 10 号、pp. 21 - 28
小湊卓夫、中井俊樹（2007）「国立大学法人におけるインスティテューショナル・リサーチ組織の特質と課題」『大学評価・学位研究』第 5 号、pp. 17 - 34
齋藤真左樹、大崎博史（2012）「教育の質保証に向けた取組み―日本福祉大学の IR 推進から」中央教育審議会大学教育部会（第 15 回）配付資料
佐藤仁、森雅生、高田英一、小湊卓夫（2009）「大学情報の組織内共有と活用―九州大学大学評価情報室の取り組みから」『大学探究』Vol. 2、pp. 1 - 11
私学高等教育研究所（2009）「高等教育の新しい側面― IR の役割と期待」『私学高等教育研究所シリーズ』No. 36

私学高等教育研究所（2011）『高等教育における IR（Institutional Research）の役割』（私学高等教育研究叢書）
私学高等教育研究所（2013）『中長期経営システムの確立、強化に向けて』（私学高等教育研究叢書）
篠田道夫（2010）『戦略経営論―中長期計画の実質化によるマネジメント改革』東信堂
自分力開発研究所（2011）『プレスリリース 寮生活が学生にもたらす効果に関する調査結果』
嶌田敏行、奥居正樹、林隆之（2009）「日本の大学における教員評価制度の進捗とその課題」『大学評価・学位研究』第 10 号、pp. 61 - 78
スウィング，ランディ（山田礼子訳）（2005）「米国の高等教育における IR の射程、発展、文脈」『大学評価・学位研究』第 3 号、pp. 21 - 30
菅田節朗（2012）「入学試験における歩留率の「歩留率モデル」に基づく解明」『大学入試研究ジャーナル』No. 22、pp. 251 - 258
杉谷祐美子（2004）「大学管理職からみた初年次教育への期待と評価」『大学教育学会誌』第 26 巻第 1 号、pp. 29 - 36
杉谷祐美子（2009 a）「大学初年次生の学習態度と学習経験の影響」『コア・FYE 教育ジャーナル』第 3 巻、pp. 1 - 12
杉谷祐美子（2009 b）「「学士課程教育」というコンセプトはどのようにして生まれてきたのか―歴史から現状へ」『大学教育学会誌』第 32 巻第 1 号、pp. 38 - 44
杉谷祐美子編（2011）『大学の学び―教育内容と方法』（リーディングス日本の高等教育 2）玉川大学出版部
杉本和弘・鳥居朋子（2013）「専門性パートナーシップによる大学教育マネジメント―英国キングストン大学の取組事例を中心に」『東北大学高等教育開発推進センター紀要』第 8 号、pp. 1 - 11
鈴木淳子（2012）『質問紙デザインの技法』ナカニシヤ出版
大学行政管理学会学事研究会編（2010）『職員による職員のための大学用語集』学校経理研究会
大学審議会（1963）「大学教育の改善について（答申）」
大学評価・学位授与機構（2011）『高等教育に関する質保証関係用語集 第 3 版』
大学評価コンソーシアム（2013）『データ収集作業のガイドライン―効率的・効果的な評価作業のためのデータ収集の課題と対応（平成 25 年 2 月 12 日版）』
大学法令研究会（1969）『教務事務職員のための大学運営の法律問題と基礎知識』学事出版

大学法令研究会編『大学関係事務提要』ぎょうせい（各年度版）
高田英一、高森智嗣、森雅生、桑野典子（2012）「国立大学におけるインスティテューショナル・リサーチの機能・人・組織等に関する意識と現状―IR担当理事に対するアンケート調査結果を基に」『大学評価研究』第11号、pp. 111 - 124
高野篤子（2012）『アメリカ大学管理運営職の養成』東信堂
高橋哲也（2013）「大阪府立大学の教学IR―現状と課題」第19回大学教育研究フォーラム配付資料
武内清（1999）「学生文化の規定要因に関する実証的研究―15大学・4短大調査から」『大学論集』第29集、pp. 119 - 138
武内清（2008）「学生文化の実態と大学教育」『高等教育研究』第11集、pp. 7 - 23
武内清編（2003）『キャンパスライフの今』玉川大学出版部
武内清編（2005）『大学とキャンパスライフ』上智大学出版
竹山幸作、山岸みどり、池田文人、鈴木誠、柴田洋、宮本淳、喜多村昇（2011）「北海道大学のAO入試―10年間の推移と課題」『大学入試研究ジャーナル』第21巻、pp. 105 - 110
田中敏、山際勇一郎（1989）『ユーザーのための教育・心理統計と実験計画法』教育出版
田辺尚子（2011）「学生による授業評価における授業満足度を高める取り組み―自由記述に焦点を当てて」『安田女子大学紀要』第39号、pp. 21 - 34
中央教育審議会（2002）「大学等における社会人受入れの推進方策について（答申）」
中央教育審議会（2005）「わが国の高等教育の将来像（答申）」
中央教育審議会（2008）「学士課程教育の構築に向けて（答申）」
中央教育審議会（2012）「新たな未来を築くための大学教育の質的転換に向けて―生涯学び続け，主体的に考える力を育成する大学へ（答申）」
著作権法第35条ガイドライン協議会（2004）『学校その他の教育機関における著作物の複製に関する著作権法第35条ガイドライン』
塚原修一編（2008）『高等教育市場の国際化』玉川大学出版部
辻新六、有馬昌宏（1987）『アンケート調査の方法』朝倉書店
堤宇一（2012）「人材育成や企業内教育を支える理論」堤宇一編『教育効果測定の実践―企業の実例をひも解く』日科技連、pp. 1 - 22
東京大学大学院教育学研究科大学経営・政策研究センター編（2007）『高校生の進路追跡調査第一次報告書』

東京大学大学院教育学研究科大学経営・政策研究センター編（2008）『全国大学生調査第一次報告書』
東京都私立短期大学協会（1994）『教務運営ハンドブック』酒井書店
同志社大学高等教育・学生研究センター編（2011）『一年生調査2010年調査報告書』
豊田秀樹（2001）『金鉱を掘り当てる統計学―データマイニング入門』講談社
鳥居朋子（2005）「大学におけるインスティチューショナル・リサーチの実効性に関する考察―米国及び豪州の事例を手がかりに」『名古屋高等教育研究』第5号、pp. 185 - 203
鳥居朋子（2007 a）「米国の大学におけるカリキュラムマネジメント―ワシントン大学シアトル校のデータに基づく教育改善システム」『季刊教育法』154号、pp. 54 - 65
鳥居朋子（2007 b）「データ主導による教育改善のシステムに関する考察」『名古屋高等教育研究』第7号、pp. 105 - 124
鳥居朋子編（2008）『大学のカリキュラム開発とインスティチューショナル・リサーチの有機的連携に関する研究』平成18・19年度科学研究費補助金（基盤研究（C））研究成果報告書
鳥居朋子（2009）「質保証の枠組みにおける豪州大学のインスティチューショナル・リサーチと教育改善―シドニー大学およびメルボルン大学の事例を通して」『大学評価・学位研究』第9号、pp. 43 - 61
鳥居朋子（2011 a）「米国の大学における戦略的計画を通じた質保証―根拠に基づくプログラム点検」『大学評価研究』10号、pp. 55 - 66
鳥居朋子（2011 b）「立命館大学における教学領域のIR」『IDE 現代の高等教育』528号、pp. 43 - 47
鳥居朋子（2012）『大学マネジメントにおける上級管理職とIRの機能的連携に関する研究』平成21―23年度科学研究費補助金（基盤研究（C））研究成果報告書
鳥居朋子（2013 a）「同窓会活動における大学への戦略的支援―ミシガン大学同窓会の事例に注目して」『大学論集』第44集、pp. 131 - 146
鳥居朋子（2013 b）「質保証に向けた教学マネジメントにIRはどう貢献できるのか？―立命館大学における教学IRの開発経験から」『大学マネジメント』Vol. 9、No. 3、pp. 2 - 7
鳥居朋子、八重樫文、川那部隆司（2013）「立命館大学の教学マネジメントにおけるIRの開発と可視化のプロセスに関する考察―デザイン研究の知見を分析視角として」『立命館高等教育研究』第13号、pp. 75 - 89

鳥居朋子、山田剛史（2010）「ラウンドテーブル　内部質保証システム構築に向けた教学 IR と FD の連動」『大学教育学会誌』第 32 巻第 2 号、pp. 39 - 42

中井俊樹（2005）「どのような条件のもとで学生はより学ぶのか」『大学と教育』第 40 号、pp. 22 - 37

中井俊樹（2006）「クラス規模は授業にどのような影響を与えるのか」『名古屋高等教育研究』第 6 号、pp. 5 - 19

中井俊樹（2007）「大学教育の質向上のための教員・学生・大学組織の役割と相互関係―『ティップス先生からの 7 つの提案』を活用した教授学習支援」『大学評価・学位研究』第 5 号、pp. 1 - 16

中井俊樹（2008）「カリキュラム改革に向けたデータの活用―初年次セミナーのクラス規模の少人数化への取り組み」鳥居朋子編『大学のカリキュラム開発とインスティテューショナル・リサーチの有機的連携に関する研究』平成 18・19 年度科学研究費補助金（基盤研究（C））研究成果報告書、pp. 77 - 83

中井俊樹（2011）「学士課程の学生に研究体験は必要か―国際的動向と論点整理」『名古屋高等教育研究』第 11 号、pp. 171 - 190

中井俊樹、上西浩司編（2012）『大学の教務 Q & A』玉川大学出版部

中井俊樹、齋藤芳子（2007）「大学教育の質を総合的に向上させる研修教材の評価」『メディア教育研究』第 4 巻第 1 号、pp. 31 - 40

中井俊樹、鳥居朋子、酒井正彦、池田輝政（2003）「名古屋大学における経営情報システムの構築」『名古屋高等教育研究』第 3 号、pp. 47 - 65

中井俊樹、中島英博（2005）「優れた授業実践のための 7 つの原則とその実践手法」『名古屋高等教育研究』第 5 号、pp. 283 - 299

中井俊樹、中島英博、近田政博（2006）「名古屋大学の教育の質向上に有効な教員・学生・大学組織の実践手法―『優れた授業実践のための 7 つの原則』のチェックリストを用いた調査」『名古屋高等教育研究』第 6 号、pp. 77 - 92

中島英博（2010）「経営支援機能としての経営情報システムの必要性に関する実証分析―米国のインスティテューショナル・リサーチに注目して」『高等教育研究』第 13 号、pp. 115 - 128

中島英博、中井俊樹（2005）「優れた授業実践のための 7 つの原則に基づく学生用・教員用・大学用チェックリスト」『大学教育研究ジャーナル』第 2 号、pp. 71 - 80

夏目達也、近田政博、中井俊樹、齋藤芳子（2010）『大学教員準備講座』玉川大学出版部

西丸良一（2010）「入学者選抜方法による大学の学業成績―同志社大学社会学部を事例に」『同志社大学教育開発センター年報』第 1 号、pp. 16 - 25

日本学生支援機構（2009）『大学、短期大学、高等専門学校における学生支援取組状況に関する調査』
日本私立学校振興・共済事業団（2013）『速解大学教職員の基礎知識―平成25年改訂版』学校経理研究会
日本私立学校振興・共済事業団私学経営情報センター（2012）『平成24（2012）年度私立大学・短期大学等入学志願動向』
日本私立学校振興・共済事業団私学経営情報センター（2013）『平成25年度私学経営情報センターが行うサービスのご案内』
日本私立大学協会（1977）『私立大学事務運営要項』
日本私立大学協会（1998）『学部の教育・研究を中心とした教務事務ハンドブック―1997年度版』
日本私立大学協会（2010）『大学教務に関する実態調査集計結果』
日本私立短期大学協会（2010）『短期大学教務必携』
日本中退予防研究所（2010）『中退白書2010　高等教育機関からの中退』NEWVERY
日本中退予防研究所（2011）『中退予防戦略』NEWVERY
日本中退予防研究所（2012）『教学IRとエンロールメント・マネジメントの実践』NEWVERY
日本弁理士会近畿支部知的財産制度検討委員会新規業務研究部会（2007）『学校教育現場での著作権に関するQ&A』
丹羽健夫（2000）『悪問だらけの大学入試―河合塾から見えること』集英社
根岸正光、山崎茂明（2001）『研究評価―研究者・研究機関・大学におけるガイドライン』丸善
野田文香（2009）「アウトカム評価としてのインスティテューショナル・リサーチ機能」『立命館高等教育研究』第9号、pp. 125 - 140
秦敬治（2011）「日本の国立大学におけるIRの現状と課題に関する考察」『大学評価研究』第10号、pp. 29 - 36
浜田知久馬（2012）「アドミッション小委員会による学力追跡調査結果」『東京理科大学教育開発センターFD通信』第23号、pp. 2 - 3
濱名篤（2005）「これからの私立大学の学費の行方」私学高等教育研究所『私立大学と学費・奨学金』（私学高等教育研究叢書5）、pp. 111 - 114
濱名篤、川嶋太津夫編（2006）『初年次教育―歴史・理論・実践と世界の動向』丸善
濱名篤、川嶋太津夫、山田礼子、小笠原正明（2013）『大学改革を成功に導くキーワード30―「大学冬の時代」を生き抜くために』学事出版

林しずえ（2009）「アメリカ合衆国におけるInstitutional Researchについての考察―教学支援機能に焦点を当てて」『京都大学高等教育研究』第15号、pp. 67 - 77
林隆之（2006）「オランダにおける大学の研究評価の展開」『大学評価・学位研究』第4号、pp. 39 - 50
広島大学高等教育研究開発センター編（2003）『高等教育の質的保証に関する国際比較研究』（COE研究シリーズ16号）
広島大学高等教育研究開発センター編（2006）『学生からみた大学教育の質―授業評価からプログラム評価へ』（COE研究シリーズ18号）
福島一政（2010）『大学経営論―実務家の視点と経験知の理論化』日本エディタースクール出版部
藤垣裕子、平川秀幸、富澤宏之、調麻佐志、林隆之、牧野淳一郎（2004）『研究評価・科学論のための科学計量学入門』丸善
藤本元啓（2012）「KITポートフォリオシステムと修学履歴情報システム―金沢工業大学のポートフォリオ活用について」小川賀代、小村道昭編『大学力を高めるeポートフォリオ―エビデンスに基づく教育の質保証をめざして』東京電機大学出版局、pp. 110 - 133
船戸高樹（2007）「深刻化する退学者問題―全学的な取り組みが求められる（上）」『アルカディア学報』p. 288
文教協会『大学設置審査要覧』（各年度版）
ベネッセ教育研究開発センター（2009）『大学生の学習・生活実態調査報告書』研究所報 Vol. 51
ベネッセ教育研究開発センター（2010）『質保証を中心とした大学教育改革の現状と課題に関する調査報告書』
細谷俊夫、奥田真丈、河野重男、今野喜清（1990）『新教育学大事典』第一法規出版
本田寛輔、井田正明（2007）「高等教育機関の戦略計画と大学情報―米国ニューヨーク州の事例」『大学評価・学位研究』第6号、pp. 67 - 82
松繁寿和編（2004）『大学教育効果の実証分析―ある国立大学卒業生たちのその後』日本評論社
松下佳代（2012）「パフォーマンス評価による学習の質の評価―学習評価の構図の分析にもとづいて」『京都大学高等教育研究』第18号、pp. 75 - 114
松塚ゆかり（2009）「高等教育のナレッジマネージメント―米国のIRが進める学部横断的「知」の共有」『大学論集』第41集、pp. 455 - 471
松塚ゆかり（2013）「IRの組織基盤、実践、スキルミクス―一橋大学IRの事例

から」『名古屋高等教育研究』第 13 号、pp. 193 - 212
丸山文裕（1981）「大学生の就職企業選択に関する一考察」『教育社会学研究』第 36 集、pp. 101 - 111
溝上慎一（2007）「アクティブ・ラーニング導入の実践的課題」『名古屋高等教育研究』第 7 号、pp. 269 - 287
溝上慎一編（2004）『学生の学びを支援する大学教育』東信堂
宮浦崇、山田勉、鳥居朋子、青山佳世（2011）「大学における内部質保証の実現に向けた取り組み―自己点検・評価活動および教学改善活動の現状と課題」『立命館高等教育研究』第 11 号、pp. 151 - 166
宮下明大（2003）「AO 選抜入学者にみる進路選択理由と自己効力感について」『立命館高等教育研究』第 2 号、pp. 39 - 58
宮地貫一編（1983）『大学人必携 今日の大学運営』文教ニュース社
宮地貫一編（1985）『改訂新版 大学事務職員必携』文教ニュース社
村澤昌崇（2005）「高等教育研究における計量分析手法の応用（その 1）」『大学論集』第 37 集、pp. 309 - 327
メディア教育開発センター（2006）『e ラーニング等の ICT を活用した教育に関する調査報告書』
両角亜希子（2012）「私立大学の財政―現状と課題」『高等教育研究』第 15 号、pp. 93 - 113
文部科学省（2006）『国立大学法人及び大学共同利用機関法人の各年度終了時の評価における財務情報の活用について』
文部科学省（2008）『教育指標の国際比較（平成 20 年版）』
文部科学省（2009 a）『大学等におけるフルタイム換算データに関する調査報告書』
文部科学省（2009 b）『大学における教育内容等の改革状況について』
文部科学省（2010）『大学における教育内容等の改革状況について』
文部科学省（2012）『教育指標の国際比較』
文部科学法令研究会監修『文部科学法令要覧』ぎょうせい（各年度版）
山岸直司（2010）「アメリカ高等教育と学習成果測定」『IDE 現代の高等教育』第 518 号、pp. 60 - 64
山崎博敏（2001）「アメリカの州立大学における教育評価―大学・州・全国レベルでの機構」『大学論集』第 32 集、pp. 131 - 145
山地弘起編（2007）『授業評価活用ハンドブック』玉川大学出版部
山田剛史（2007）「学生の視点を踏まえた初年次教育の展開―多様化を見据えた教育改革の組織化に向けて」『島根大学生涯学習教育研究センター研究紀

要』第 5 号、pp. 15 - 29
山田剛史（2010）「ピア・サポートによって拓かれる大学教育の新たな可能性」『大学と学生』第 87 号、pp. 6 - 15
山田剛史（2011）「〈シンポジウム〉学生調査の開発とマルチレベル FD との連動による教育の質保証」『大学教育学会誌』第 33 巻第 2 号、pp. 38 - 42
山田剛史（2012 a）「愛媛大学の大学全体としての取り組み」『VIEW 21 大学版』Vol. 3、pp. 20 - 21
山田剛史（2012 b）「学生の学びと成長を捉えるために不可欠な入学者調査」『Between』2 - 3 月号、pp. 12 - 13
山田剛史（2012 c）「組織的活動の評価―大学評価・質保証文脈における IR の展開」京都大学高等教育研究開発推進センター編『生成する大学教育学』ナカニシヤ出版、pp. 201 - 215
山田剛史（2013 a）「〈シンポジウム〉教員の教育力向上と学生の学習の連関に関する探索的検討―教員・学生の『学習観』に着目して」『大学教育学会誌』第 35 巻第 1 号、pp. 62 - 66
山田剛史（2013 b）「連載：学びと成長を促すアセスメントデザイン（第 1 回：具体的な学習成果を設定し教職員・学生と共有しよう）」『Between』4 - 5 月号、pp. 32 - 34
山田剛史（2013 c）「連載：学びと成長を促すアセスメントデザイン（第 2 回：教員と学生、双方から見た"2 つの 3 層構造"で環境整備）」『Between』6 - 7 月号、pp. 32 - 34
山田剛史、森朋子（2009）「Evidence に基づく初年次教育プログラムの構築―モデル授業の効果検証を踏まえて」『初年次教育学会誌』第 2 巻第 1 号、pp. 56 - 63
山田剛史、森朋子（2010）「学生の視点から捉えた汎用的技能獲得における正課・正課外の役割」『日本教育工学会論文誌』第 34 巻第 1 号、pp. 13 - 21
山田浩之、葛木浩一編（2007）『現代大学生の学習行動』（高等教育研究叢書 90）広島大学高等教育研究開発センター
山田礼子（2005）『一年次（導入）教育の日米比較』東信堂
山田礼子（2008 a）「学生の情緒的側面の充実と教育成果―CSS と JCSS 結果分析から」『大学論集』第 40 集、pp. 181 - 198
山田礼子（2008 b）『アメリカの学生獲得戦略』玉川大学出版部
山田礼子（2009）『大学教育を科学する―学生の教育評価の国際比較』東信堂
山田礼子（2011）「米国における IR 概念と活動から見る日本型教学 IR の可能性」『大学評価研究』第 10 号、pp. 9 - 19

山田礼子（2012）『学士課程教育の質保証へむけて―学生調査と初年次教育からみえてきたもの』東信堂

山本繁（2011）「「中退予防」が大学存続の命運分ける」『大学マネジメント』Vol. 7、No. 8、pp. 24 - 28

吉田文（2005）「アメリカの学士課程カリキュラムの構造と機能―日本との比較分析の視点から」『高等教育研究』第 8 集、pp. 75 - 93

吉田文（2008）「大学生研究の位相」『高等教育研究』第 11 集、pp. 127 - 142

吉本圭一（2004）「高等教育と人材育成―「30 歳社会的成人」と「大学教育の遅効性」」『高等教育研究紀要』第 19 号、pp. 245 - 261

米澤彰純編（2011）『大学のマネジメント―市場と組織』（リーディングス日本の高等教育 5）玉川大学出版部

読売新聞教育取材班（2011）『大学の実力 2012』中央公論新社

龍慶昭、佐々木亮（2002）『戦略策定の理論と技法―公共・非営利組織の戦略マネジメントのために』多賀出版

Association for Institutional Research（2008）"AIR Survey Fact: Most IR Offices are Located in Academic Affairs or the President's Office," *The Electronic AIR*, Vol. 28, No. 10 .

Boyer, E. L.（1990）*Scholarship Reconsidered: Priorities of the Professoriate*, Carnegie Foundation for the Advancement of Teaching（= 1996、有本章訳『大学教授職の使命―スカラーシップ再考』玉川大学出版部）.

Chickering, A. & Reisser, L.（1993）*Education and Identity*, 2nd Edition, Jossey-Bass.

Feldman, K.（1997）"Identifying Exemplary Teachers and Teaching: Evidence from Student Ratings" in Perry, P. and Smart, J.（Eds.）, *Effective Teaching in Higher Education: Research and Practice*, Agathon Press, pp. 368 - 395.

Henderson, S. E.（2008）"Admissions' Evolving Role: From Gatekeeper to Strategic Partner" in Lauren, B.（Ed.）, *The College Admissions Officer's Guide*, American Association of Collegiate Registrars and Admissions Officers.

Howard, Richard D.（Ed.）（2001）*Institutional Research: Decision Support in Higher Education*, Association for Institutional Research（= 2012、大学評価・学位授与機構 IR 研究会訳『IR 実践ハンドブック―大学の意思決定支援』玉川大学出版部）.

Marsh, H. W.（1983）"Multidimensional Ratings of Teaching Effectiveness by Students from Different Academic Settings and their Relation to Student/

Course/Instructor Characteristics," *Journal of Educational Psychology*, 75, pp. 150 - 166.

Pascarella, E. T. & Terenzini, P. T. (2005) *How College Affects Students, Volume 2: A Third Decade of Research*, San Francisco: Jossey-Bass.

Saupe, J. L. (1990) *The Function of Institutional Research*, 2nd Edition, Association for Institutional Research.

Stolz, I., Hendel, D. & Horn, A. (2010) "Ranking of Rankings: Benchmarking Twenty-five Higher Education Ranking Systems in Europe," *Higher Education*, 60(5), pp. 507 - 528.

Terenzini, P. T. (1993) "On the Nature of Institutional Research and the Knowledge and Skills It Requires," *Research in Higher Education*, Vol. 34, No. 1, pp. 1 - 10.

Volkwein, F. (2008) "The Foundations and Evolution of Institutional Research," *New Directions for Higher Education*, No. 141, pp. 5 - 20.

おわりに

　IR の開発に関する小さな本が 1 つ誕生しました。大学の中で試行錯誤しながら進める IR の実践と同じく、この本自体が開発ベースでつくられています。作成・編集プロセスでは、多くの方々にご協力いただきました。まずはこのことに編著者一同心から感謝します。

　いま最終稿を前にして筆者の頭の中に去来するのは、IR に携わる海外の大先輩のある言葉です。立命館大学の IR プロジェクトが発足した 2009 年の秋に、筆者はアメリカ・カリフォルニアのとある州立大学のトップマネジメントにインタビューする機会を得ました。「大学の中で一から IR を開発するとしたら、まず何をすればよいでしょうか？」という、やや性急な筆者の問いに対して、約 30 年の経験を持つ首脳陣がおだやかに口にしたのは、「Make your friends.（友だちを作りなさい）」という一言でした。もちろん、これは単に学内に気の置けない友人を増やすということではなく、データや情報を介して忌憚なく大学のことを語り合えるカウンターパートを各所に持てという助言であったと理解しています。その意味では、友だちというよりも、IR の味方を作るという表現の方が的を射ているでしょう。実際、これに類する言葉を、後にオーストラリアやイギリスの大学執行部らからも耳にし、国を超えた普遍性を感じ取ったものです。

　友であれ、味方であれ、いまも慌ただしい現場の時間の流れに身を置かれている諸兄諸姉にはいささか情緒的で感傷的な言葉に聴こえるかもしれません。しかし、この本を作成するにあたって、やはり私たちは結果的に同じことをしていたことに気付かされます。それは、大学の IR の幅広い守備範囲の中から、21 世紀初頭の日本において取り上げるべき Q を拾い集め、それらに対する A の種のようなものを捻り出し、その種をブラッシュアップするために学内外のさまざまな人びととの経験知や実践知に学んだことに重なります。自機関はもちろんのこと、惜しみなく IR にかかわる経験や情報を共有してくれた他機関のピアたちは、心強い友であり、励まされる存在でした。

　もちろん、この本では十分に汲み取れなかった領域の IR に関する Q や A は山のようにあります。後のち読めば、穴だらけで不十分極まりないものかもしれません。本書を手に取って下さった読者の方々には、ぜひ忌憚のないご意見を寄

せていただければ幸甚です。おそらく、この小さな本に望まれる役割は、今後さらに豊かに展開されるであろうIRをめぐる議論や対話のささやかな触媒となり、IRの実践にかかわる人びとの裾野を広げることに尽きます。そうした願いと新たな対話への期待を抱きながら、そっとこの本を世に送り出したいと思います。

　　　　　　　　　　　　　　2013年4月20日　京都・衣笠にて
　　　　　　　　　　　　　　　　　　　　　　　　　鳥居　朋子

執筆者プロフィール

岡田有司［おかだ・ゆうじ］
高千穂大学人間科学部 准教授。
専門は教育心理学、発達心理学。博士（心理学）。2010年に立命館大学教育開発推進機構講師となり、2012年より現職。主な論文に、「私立大学における大学生の学習成果の規定要因－ユニバーサル・アクセス時代における多様性と質保証の視点から」『京都大学高等教育研究』第17号（共著）、「中学校への適応に対する生徒関係的側面・教育指導的側面からのアプローチ」『教育心理学研究』第60巻第2号（単著）などがある。

川那部隆司［かわなべ・たかし］
立命館大学教育開発推進機構 准教授。
専門は教育心理学、発達心理学。博士（文学）。2013年より現職。現在、データにもとづく教育改善支援のための各種調査の設計、分析に従事し、学習者による主体的な学びを可能にする大学教育を模索している。著書に、『子どもの論理を活かす授業づくり－デザイン実験の教育実践心理学』（分担執筆）などがある。

鳥居朋子［とりい・ともこ］ 編者
立命館大学教育開発推進機構 教授。
専門は高等教育カリキュラム論、教育経営学。博士（教育学）。名古屋大学評価情報分析室、同大学高等教育研究センター、鹿児島大学教育学部を経て、2009年より現職。名古屋大学評価情報分析室では、「名古屋大学マネジメント情報」の開発に携わった。現在の職場では、主に教学IRの開発・可視化を進めている。著書に、『戦後初期における大学改革構想の研究』（単著）、『教育・学習過程の検証と大学教育改革』（分担執筆）などがある。

中井俊樹［なかい・としき］ 編者
名古屋大学高等教育研究センター 准教授。
専門は大学教育論。1998年に名古屋大学高等教育研究センター助手となり、2007年より現職。2003年から2005年に同評価情報分析室協力教員を併任。大学院教育発達科学研究科において高等教育マネジメント分野の授業を担当。著書に、『大学の教務Q&A』（共編著）、『大学教員のための教室英語表現300』（編著）、『大学教員準備講座』（共著）、『アジア・オセアニアの高等教育』（分担執筆）、『成長するティップス先生』（共著）などがある。

藤井都百［ふじい・とも］ 編者
名古屋大学評価企画室 講師。
専門は認知心理学、実験心理学。博士（学術）。2006年に名古屋大学評価企画室助手となり、2013年より現職。大学評価対応の支援を主な業務とし、国立大学法人評価、大学機関別認証評価の際の報告書や根拠資料作成に携わる。この他、大学情報データベース（大学評価・学位授与機構）への入力、教育成果調査の実施、教員総覧である「名古屋大学教員データベースシステム」の運用支援に従事している。

山田剛史［やまだ・つよし］
愛媛大学教育・学生支援機構教育企画室 准教授。
専門は大学教育学、青年心理学。博士（学術）。2006年に島根大学教育開発センター講師・実施部門長となり、2008年副センター長、2009年准教授を経て、2011年より現職。2012年より教育調査・分析部門長、経営情報分析室室員を務める。著書に、『生成する大学教育学』（分担執筆）、『大学生の学習・生活実態調査報告書』（分担執筆）、『自己意識研究の現在2』（分担執筆）などがある。

協力者一覧

浅野茂（神戸大学）

阿部一晴（京都光華女子大学）

大津正知（九州大学）

小野勝大（立命館大学）

小林功英（日本私立大学協会）

小湊卓夫（九州大学）

佐藤浩章（愛媛大学）

嶌田敏行（茨城大学）

辰野有（立命館大学）

近田政博（名古屋大学）

中島英博（名城大学）

中元崇（京都大学）

夏目達也（名古屋大学）

福田聡（関西大学）

藤原将人（立命館大学）

山本幸一（明治大学）

高等教育シリーズ161

大学のIR　Q＆A
だいがく

2013年9月20日　初版　第1刷発行
2015年3月31日　初版　第3刷発行

編　者 ──── 中井俊樹・鳥居朋子・藤井都百
発行者 ──── 小原芳明
発行所 ──── 玉川大学出版部
　　　　　　　〒194-8610　東京都町田市玉川学園6-1-1
　　　　　　　TEL 042-739-8935　FAX 042-739-8940
　　　　　　　http://www.tamagawa-up.jp/
　　　　　　　振替　00180-7-26665
装幀 ───── 渡辺澪子
印刷・製本 ── モリモト印刷株式会社

乱丁・落丁本はお取り替えいたします。
© Toshiki NAKAI, Tomoko TORII, Tomo FUJII　2013　Printed in Japan
ISBN978-4-472-40473-3 C3037 / NDC377